Man vergisst vieles aus der Kindheit – seine Straße jedoch vergisst man nie. Hier beginnt der Lebensweg, wird Heimat definiert. Doch wie prägt eine Straße die Menschen, die dort leben, und wie prägen die Menschen ihre Straße?

Zwanzig renommierte ›*ZEIT*‹-Autoren sind an die Orte ihrer Kindheit zurückgereist, wobei ein einzigartiges Deutschlandbild entstand. Henri-Nannen-Preisträger und ›*DIE ZEIT*‹-Journalist Henning Sußebach hat diese Gesellschaftsgeschichten, die bereits als ›*DIE ZEIT*‹-Serie ein gewaltiges Echo bei der Leserschaft ausgelöst haben, in diesem Buch zusammengefasst. Mit Beiträgen unter anderem von Michael Naumann, Christoph Dieckmann, Susanne Gaschke, Josef Joffe, Stephan Lebert und Iris Radisch.

Henning Sußebach wurde 1972 in Bochum geboren und studierte Journalistik an der Universität Dortmund. Von 1998 bis 2001 war er Redakteur bei der Berliner Zeitung. Seit 2001 ist er als Redakteur für *DIE ZEIT* tätig. 2006 und 2007 wurde er mit dem Henri-Nannen-Preis ausgezeichnet.

Unsere Adresse im Internet: www.fischerverlage.de

Henning Sußebach

Meine Straße

Erinnerungen aus unserer Kindheit

Fischer Taschenbuch Verlag

Originalausgabe

Veröffentlicht im Fischer Taschenbuch Verlag,
einem Unternehmen der S. Fischer Verlag GmbH,
Frankfurt am Main, Februar 2009

Fotografien (Originale in Farbe): Oliver Möst (www.olivermoest.de)
Satz: Pinkuin Satz und Datentechnik, Berlin
Druck und Bindung: Druckerei C. H. Beck, Nördlingen
Printed in Germany
ISBN 978-3-596-18032-5

Vorwort

Die Straße. Als Kindern war sie uns sehr nah. Hier schlugen wir uns auf Rollschuhen die Knie auf. Hier kannten wir jede bemooste Ritze zwischen den Steinen und hatten doch Angst vor der nächsten Biegung. Hier war das Revier, in dem wir erstmals auf Jagd nach Abenteuer und Anerkennung gingen. Hier war der erste Ort, wo die Liebe hinfiel. Hier verliefen die Fluchtwege aus dem Elternhaus – in jungen Jahren, wenn ein Wutanfall uns wieder mal hinter die Böschung trieb, in späteren Jahren, als wir unser Zuhause verließen und dachten, dies sei endgültig.

Man vergisst vieles aus seiner Kindheit, seine Straße jedoch, diese Kindheitskulisse, vergisst man nie. Sie ist der erste Laufsteg für das eigene Ego, hier wird man Anführer oder Außenseiter. Hier wird Heimat definiert. Hier werden Weltbilder geschaffen. Wie prägt eine Straße die Menschen, die dort leben? Und wie prägen diese Menschen ihre Straße? Um ihre Erinnerungen mit der Gegenwart abzugleichen, sind zwanzig Autoren noch einmal an die Orte ihrer Kindheit gereist, haben ihre Lebenswege gewissermaßen rückwärts beschritten und sich gefragt: Wie viel Dorf ist in uns? Wie viel Reihenhausgewissheit? Wie viel Vorgartenkonservatismus? Wie viel Plattenbausozialismus?

Manchmal führte der Weg zurück nur zehn Jahre in die Vergangenheit, manchmal ein halbes Jahrhundert. Manchmal lag die alte Heimat nur wenige Kilometer entfernt, manchmal war das ganze Land zu durchqueren – oder, wie die DDR, gar nicht mehr da. Ursprünglich hatten sich die Autoren dieses Buches auf Entdeckungsreise in die eigene Biographie begeben, auf die Suche nach dem alten Spielplatz, der gefürchteten Meckerziege nebenan und nach dem Wald, der damals noch eine ganze Welt war und kein Wäldchen. Zurückgekehrt sind sie mit Gesellschaftsgeschichten: Wie viele Autos den Rückblick auf ihre Erinnerungen zuparken. Wie still das Viertel ist, in dem die Eltern einmal jung waren. Wie herrlich bunt diese Berliner Sackgasse, die keine Sackgasse mehr ist, seitdem die Mauer fiel. Wie frisch gemalt das einstmals graue Ost-Städtchen. Wie verwechselbar die Einkaufsstraße, wo der gleiche Ramsch den Ort entseelt wie überall im Land. So berichten die Autoren von Orten, in denen eine Kindheit wie die ihrige heute entweder undenkbar oder viel schöner wäre, in jedem Falle aber anders.

Ihr Abgleich von früher und heute hat ein einzigartiges

Deutschlandbild ergeben, denn es sind die Straßen und deren Häuser, in denen der Alltag spielt, ereignisloser und ereignisreicher Alltag. Hier wird tagtäglich Staat gemacht – nicht nur, wenn gerade mal wieder marschiert, demonstriert oder betoniert wird, sondern einfach nur: gelebt.

Als Kinder, als diese schicksalsergebenen Wesen, nahmen wir unsere Straßen und alles, was sich auf ihnen abspielte, hin wie eine Tatsache, unveränderlich, unumstößlich. Erst jetzt, im Rückblick, merken wir: Wie politisch das Private doch war (und ist), wie soziologisch interessant der Alltag, wie zufällig manche Nachbarschaft und wie fragil manches Viertel. Erst jetzt erkennen wir in dem, was früher einfach nur »zu Hause« war, all die eingelösten oder uneingelösten Wohlstandsversprechen, den Unterschied zwischen Besitz und Miete, die Utopien, die hier und da in Beton gegossen wurden, die Bausparerträume hinter Buchsbaumhecken, die Spuren der Verarmung, die es damals noch nicht gab oder die wir als Kinder nicht entschlüsseln konnten – und nicht zuletzt erkennen wir das Streben unserer Eltern, uns möglichst beschützt aufwachsen zu lassen.

So fügen sich die Reportagen aus Orten wie München und Mönchengladbach, Berlin und Bochum, Wangen und Wuppertal zum Portrait eines Landes, einer Gesellschaft, zu einer Momentaufnahme, die zugleich Langzeitbelichtung ist.

Deshalb auf nach Hause, in diese fremde Welt. Es gibt so viel zu entdecken.

Henning Sußebach

Magdeburger Straße 37 in Köthen

Kellerkinder

Von Michael Naumann

Magdeburger Straße 37: Hier erlebte der dreijährige Junge die Bombardierung von Köthen im Winter 1944. Später im Leben reichte manchmal ein Geräusch, um das Vergessene hervorzurufen.

Die Sirenen hatten mich mitten in der heißen Sommernacht geweckt. Im Halbschlaf hatte ich mein Kopfkissen aus dem Schlafzimmer im Obergeschoss mitgenommen, und auf der Kellertreppe muss ich es fallen gelassen haben; denn dort fand es mein amerikanischer Bruder Scott, als er mich wenig später suchte. Da war ich schon vollends aufgewacht, im Keller, neben der Waschmaschine. Das grelle Sirenengeheul draußen war verstummt. Ich war verwirrt und wusste nicht genau, was ich da unten verloren hatte. Damals war ich siebzehn Jahre alt – und hatte das Richtige getan. Auf meine kleine Stadt in der Mitte Missouris raste ein Tornado zu, und die Warnung hatte einen Fluchtreflex ausgelöst: Er war Teil einer tief verschütteten, plötzlich auftauchenden Erinnerung an die Bombennächte meiner Kindheit.

Es stimmt, dass derzeit etwas viel über die Bombardierung Deutschlands im Zweiten Weltkrieg gesprochen wird. Vielleicht hat das mit dem Langzeitgedächtnis zu tun, das im geschwätzigen Alter besser funktioniert; immerhin ist die Republik die älteste in der deutschen Geschichte. Mir fielen meine Erfahrungen aber schon 1959 wieder ein, am Ende der Eisenhower-Jahre, siebentausend Kilometer entfernt von der Heimat.

Die moderne Hirnforschung behauptet, dass die Synapsen von Kleinkindern erst im Alter von drei Jahren so weit gediehen sind, dass sie denken können. Ich weiß nicht mehr, was ich mit knapp drei Jahren dachte. Ich weiß aber heute noch, was ich hörte und was ich tat, als sich die alliierten Bomberflotten im Winter 1944 jene kleineren Städte Deutschlands aussuchten, die noch nicht zerstört waren, obwohl in ihnen Kriegsgut hergestellt wurde. Im Falle meines Geburtsortes Köthen interessierten sich die Piloten für Fabrikhallen des Flugzeugproduzenten Junkers, für einen Eisenbahnknotenpunkt und leider auch für das anhaltinische Schloss, in dem Johann Sebastian Bach seine *Brandenburgischen Konzerte* uraufgeführt hatte.

Mein Vater war 1942 in Stalingrad gefallen, zurück blieb seine junge Frau mit vier Kindern. Evakuierte katholische Rheinländer aus dem ruinierten Köln saßen von 1944 an in der zutiefst protestantischen Stadt, wohnten bei uns zur Untermiete oder waren in Schulen untergebracht. Die zweihundertjährige jüdische Gemeinde gab es nicht mehr. Die Friedheims und Mendershausens waren vertrieben oder nach Theresienstadt und von dort in die Mordlager verschleppt worden. Heute weiß ich, dass sich ein paar Soldaten der Waffen-SS im Garten von Verwandten hinter einer Mauer verschanzt hatten, um den Krieg in Sachsen-Anhalt doch noch zu gewinnen. Sie kamen alle um. Kurz zuvor war noch ein KZ-Todesmarsch durch die Stadt gezogen. Ich hatte ihn von unserem Wohnzimmerfenster aus gesehen und mich gewundert, warum so viele Menschen im Schlafanzug unterwegs waren. Am Bahnhof fand man am gleichen Tag Dutzende Tote – die Ermordeten seien, so hieß es noch Jahrzehnte später, »an einer Methylalkoholvergiftung gestorben«.

Die Verteidigung gegen die anrückenden Amerikaner sollte ein Offizier vom Fliegerhorst übernehmen, der kein Flugzeug mehr hatte, es war der spätere *ZEIT*-Redakteur Rudolf Walter Leonhardt, »Leo«. Ich nannte ihn den »Löwen von Köthen«, was er nicht schätzte.

Während der Bombardierungen, die erst seit jenem Tornado-Alarm in Missouri einen festen Platz in meinem Gedächtnis zurückeroberten, wohnten wir in der Magdeburger Straße Nr. 37. Sie führte an einem mittelalterlichen Stadttor vorbei zum Marktplatz. Unser graugelbes, zweistöckiges Haus, unter dessen Putz sich wahrscheinlich das ortsübliche Fachwerk verbarg, lag in der Straßenmitte gegenüber einem Schlachterladen. Es hatte eine Toreinfahrt und war im 18. oder 19. Jahrhundert auf sehr alten Fundamenten errichtet worden. In der Wohnung gab es zur Freude der Kinder eine Tapetentür und einen prachtvollen Kachelofen. Im Hinterhof des Hauses, am Ende des Gartens, stand eine graue Holzhütte, eine Sargtischlerei, die viel zu tun hatte.

Die Reste einer alten Stadtmauer im Garten und andere

mittelalterliche Befestigungen erinnerten die Bürger Köthens womöglich an längst vergangene Ängste. Im nahen Magdeburg hatte es während des Dreißigjährigen Kriegs das erste genozidale Gemetzel der Neuzeit gegeben: Zwanzigtausend Bürger wurden an einem einzigen Tag von Tillys Truppen in einem Blutrausch geschlachtet. Derlei hatte es noch nie in Deutschland gegeben. Ich lernte, auf der Mauer zu balancieren. Da war Magdeburg schon in einem Bombardement fast restlos zerstört worden. Nur der Dom blieb stehen. Auch die Nachbarstadt Dessau gab es 1945 nicht mehr.

Der gemauerte alte Gewölbekeller unseres Hauses diente den Menschen aus der Nachbarschaft als »Luftschutz« – eine jener neuen Wortbildungen des »Dritten Reiches«, die unterstellte, man schütze sich nicht etwa vor feindlichen Bombern, sondern vor dem Allernotwendigsten, vor Luft.

Köthen liegt nicht weit entfernt von Berlin, und die Flying Fortresses der U.S. Air Force überflogen die alte Residenzstadt auf ihren regelmäßigen »Kraut Runs« gen Berlin, stets begleitet vom Sirenengeheul tief unter ihnen. Für die Kinder meiner Mutter entwickelte sich während der täglichen und nächtlichen Bombenalarme die immer gleiche Routine. Sie nahmen ihre Bettdecken, ihre Puppen, ihr Spielzeug und liefen die Treppen hinunter in den Keller: »holterdipolter«, wie es in einem Märchen hieß. Meine fünfjährige Schwester und ich durften in der Kartoffelkiste weiterschlafen. Kartoffeln gab es nicht mehr, und schlafen wollten wir auch nicht.

An dem Tag aber, als Junkers angegriffen wurde, als das dumpfe Wummern der Bombeneinschläge näher kam und die Nachbarn eng und stumm aneinandergeschmiegt saßen, stahl sich mein zehnjähriger Bruder davon, verließ heimlich den dunklen Untergrund, stieg über die Kellertreppe ins Licht des Krieges und verschwand. Was ich nicht erinnere, aber inzwischen weiß: die helle Aufregung meiner Mutter, ihre Qual, sich zu entscheiden – den Sohn im Bombenhagel zu suchen oder bei den anderen drei Kindern zu bleiben. Sie blieb. Mein Bruder wollte Bombensplitter sammeln, ein Hobby der Sextaner jener Zeit, und er kam auch zurück mit einem bizarren Metallstück von der Größe einer Bratpfanne, doch da war der Luftangriff bereits vorbei. Was er außerdem gesehen hatte: Eine Bombe hatte einen Behelfsbunker getroffen, der war zusammengesackt und hatte viele Menschen unter sich zerquetscht. Es waren Zwangsarbeiter der Junkers-Fabrik.

Nach dem Krieg sind wir in eine kleinere Wohnung umgezogen. Das eigentliche Zentrum der Familie wurde das Haus meines Großvaters, eines Fabrikanten, das 1952 enteignet wurde – die Kommandantur der Roten Armee zog ein. Als ich es im Februar 1990 wiedersah, war es innen kaum zu erkennen, und ein junger Volkspolizist, den ich vor der Villa traf, sagte mir: »Schrecklich, wie die das haben verkommen lassen.« Aber wer waren »die«? Den Keller in der Magdeburger Straße wollte ich mir nicht mehr anschauen.

Der Tornado, der mich drei Jahrzehnte zuvor so unerwartet zurückversetzt hatte in meine Kindheit, zog nahe an der Stadt in Missouri vorbei und ruinierte das Haus eines Zahnarztes. Auch fällte er einen Baum, und in dem Baum wohnte eine Waschbärenfamilie. Übrig blieb ein Waschbärbaby, das mein amerikanischer Bruder adoptierte, mit Milch fütterte und »Chico« nannte. Als es zu bissig wurde, setzten wir es am Stadtrand aus.

Albert-Schweitzer-Straße 16 in Bochum

In Utopia

Von Henning Sußebach

Vor über dreißig Jahren entstand in Bochum eine Trabantensiedlung für alle Schichten. Überall zogen junge Familien ein. Deren Kinder sind inzwischen fort, der einst moderne Stadtteil wird in aller Stille älter.

War unser Garten damals größer? Fünfzehn Schritte brauche ich heute von der Terrassentür bis hinüber zur Blutpflaume, dann habe ich das Grundstück meiner Eltern durchquert. Eins, zwei, drei, vier, fünf ... dreizehn, vierzehn, fünfzehn. Ich drehe mich um und sehe meine Eltern hinterm Fenster beim Kaffee sitzen. Wie nah sie sind.

Früher lag zwischen diesen fünfzehn Schritten eine ganze Welt. Tief im Garten wir Kinder, barfuß, in Badehose, versunken in Winnetou-Phantasien, auf der Wiese das Lichtspiel der Blätter und erst weit in der Ferne, fast außer Rufweite, die Eltern auf der Terrasse, die für uns wie eine entlegene Insel war, überspannt von einer orange-braunen Markise. Manchmal liefen wir hin, um einen Schluck Wasser zu trinken, das wir damals »Sprudel« nannten. Oder es gab Tupper-Eis, eingefrorenen Apfelsaft.

Mehr als dreißig Jahre ist das her. Jetzt stehe ich wieder im Garten. Es ist kalt, es riecht nach Moos, der Wind greift in die Bäume, gleich wird es regnen. Doch immer, wenn ich an früher denke, an zu Hause, ist dort Sommer. Ein größeres Kompliment kann die Erinnerung der Heimat nicht machen.

Wobei »Heimat« ein komisches Wort ist. »Heimat« klingt nach knorrigen Obstbäumen. Nach weißen Wolken über weiter, grüner Landschaft. Mein Zuhause war das Gegenteil davon. In den Sechzigerjahren waren Bagger gekommen, hatten knorrige Obstbäume entwurzelt und eine Menge weiter, grüner Landschaft beiseite geschoben. Am Südrand des Ruhrgebietes sollte eine »Universitätsrahmenstadt« für fünftausend Menschen entstehen.

Es war eine Zeit voller Zuversicht, da wurden schon mal Berge versetzt. Bochum, die Stadt der Zechen und des Opel Kadett, sollte eine Hochschule bekommen! Da mussten moderne Häuser für moderne Menschen her! Akademiker hatte es bis dahin in Bochum kaum gegeben, doch jetzt zeichneten die Stadtplaner ihnen eine Trabantenstadt mit Tiefgaragen, drei Kindergärten, einer Grundschule, zwei Kirchen und zwei Supermärkten, alle Häuser streng geometrisch im Bauhausstil, mit großen, quadratischen Fenstern nach Südosten. Innerhalb weniger Jahre wuchs die nach einer weggerissenen Straße benannte »Hustadt« heran, ein riesiges Betonensemble, in Terrassen gestaffelt. Im Tal fast fünfzig Bungalows für Professoren, dahinter Reihenhäuser für Doktoren, Beamte, Angestellte nicht nur der Universität, und dann, als Abschluss, ein Hochhausriegel, bis zu vierzehn Stockwerke hoch. Dort sollte sich der moderne Mensch über Jahre (mit gutem Willen und dem sanften Druck einer »Fehlbelegeabgabe«) mit sozial Schwachen verbrüdern.

Was war die Hustadt? Eine linke Utopie in rechten Winkeln? Sie war nicht bürgerlich-bewahrend, aber auch nicht sozialistisch-gleichmachend wie die Plattenbauviertel in der DDR. Sie war sozialdemokratisch. Die Planer behielten ja die Dreiklassengesellschaft bei, aber bitte ohne Berührungsängste bei gemeinsamer Nutzung »öffentlicher und privater Versorgungseinrichtungen (Kaufhaus, Kirchen, Bürgerhaus u. a.)«, wie das damals hieß. Die Hustadt war gewissermaßen ein Erziehungsprojekt, eine Gesamtschule für Erwachsene.

Meine Eltern, Lehrer an Haupt- und Realschule, kauften damals sozialdemokratisch korrekt ein Reihenhaus der Gemeinnützigen Aktien-Gesellschaft für Angestellten-Heimstätten in der Albert-Schweitzer-Straße, die zum Mittelschichtsgürtel des neuen Stadtteils gehörte, in dem die Straßen nach Ärzten benannt waren. Virchow, Sauerbruch, Pettenkofer. Am Tag der Schlüsselübergabe, dem 17. Mai 1972, billigte der Bundestag in Bonn die Ostverträge, in derselben Woche explodierte im Hamburger Springer-Haus eine Bombe, der amerikanische Präsident Nixon reiste nach Moskau, um mit Breschnew über Vietnam zu sprechen, und die *Westdeutsche Allgemeine Zeitung* druckte Fotos von Raketenparaden auf dem Roten Platz. Meine Mutter trug Schlaghosen mit breiten

Ledergürteln, mein Vater enge Hemden. Meine große Schwester Katja war drei Jahre alt, ich vier Monate. Einen ausgeprägten Sinn für Utopien hatte ich noch nicht.

Dafür entwickelte sich schnell ein ausgeprägter Sinn fürs Spielen. In die zwölf Reihenhäuser, die wie ein Hufeisen angelegt waren, zogen wie bestellt junge Zweikinderfamilien ein, die, ganz im Sinne des Miteinanders, auf Zäune verzichteten. Das ergab einen riesigen Spielplatz für uns Kinder, für Simone und Bert, Markus und Thomas, Birgit und Jörn, Jürgen und Karsten, Christian und Bettina, Katja und mich. »Eckstein, Dreckstein, alles muss versteckt sein … eins, zwei, drei, ich komme!«

Die Erinnerung an meine Straße ist voller Geräusche. Das helle Geklingel unserer Fahrräder. Der Donner, wenn wir den Lederball gegen die Garagen schossen. Unser Kreischen unterm Rasensprenger. Das Gemurmel der Eltern auf der Terrasse, wenn wir schon im Bett lagen. Das Rattern der Rollläden, das mich noch einmal aus dem Schlaf riss.

Wir Kinder haben die Albert-Schweitzer-Straße nur selten verlassen, von Urlauben mal abgesehen. Sie war uns Welt genug, bis wir in die Schule kamen. Unser Weg dorthin führte zu den Hochhäusern – so hieß das erste Fach, in dem wir unterrichtet wurden, »Realität«. Wir lernten jetzt Kinder kennen, die ohne Pausenbrote in die Schule kamen. Kinder, die immer den gleichen Pullover trugen. Ein Mädchen in meiner Klasse roch häufig nach Urin, das weiß ich noch. Mich hat das verunsichert, schon der Fußweg durch die Hochhäuser.

In den Straßen, die wie Betontäler waren, staute sich im Sommer eine Hitze, wie ich sie aus spanischen Hotelanlagen kannte. Ich ging nicht gern hinauf zu den Hochhäusern, nicht einmal zum Fußballspielen. Die Jungs »von oben« spielten rauer, vor allem wenn sie spitzkriegten, dass wir »von unten« kamen. Wir waren die Brillenschlangen. Wir verloren immer. Manchmal gab es Kloppe. So ging das von montags bis samstags. Sonntags aber zog dann eine Brillenschlangenprozession an den Hochhauskindern vorbei zur katholischen Kirche, einem Backsteinwürfel am Fuße der Hochhäuser. Viele Brillenschlangeneltern und Brillenschlangenkinder trugen ihre Nasen sehr hoch im nicht ganz so christlichen Bewusstsein, die intellektuelle Creme der Hustadt zu bilden. Aus dem großen Miteinander war ein Nebeneinander geworden. Es wurden sogar Studien über die Hustadt verfasst, *Gruppenspezifisches Wohnverhalten – Ergebnisse einer architektursoziologischen Untersuchung* hieß eine, in der von »territorialem Verhalten« der Bewohner die Rede war. In dem Buch *Umbau der Stadt: Beispiel Bochum* hieß es lapidar: »Je höher das Haus, desto niedriger das Einkommen.«

Mir war damals nicht bewusst, Teil eines sozialen Experiments zu sein. Das dämmert mir erst heute. Grundschule, Gymnasium, Zivildienst, Studium, erster Job, erstes Kind, eine eigene Existenz an einem anderen Ort – immer weiter hatte sich mein Leben von der Hustadt entfernt. Es ist wohl vor allem die Zeit zwischen zwanzig und dreißig, in der man derart abgelenkt ist durch die vielen Veränderungen im eigenen Leben, dass sogar die wenigen Besuche bei den Eltern wie in Trance verlaufen. Erst wenn sich das eigene Dasein wieder beruhigt, denkt und fühlt man sich zurück in ihre Welt, die einmal die eigene war. Mir kommt es vor, als sei ich zehn Jahre fort gewesen, wie nach einem Filmriss. Doch jetzt stehe ich – bei vollem Bewusstsein – in der Albert-Schweitzer-Straße und erschrecke. Wie lang die eigene Kindheit zurückliegt! Nirgendwo sonst wird einem das Alter bewusster als an dem Ort, an dem man jung war. Ich sehe grauhaarige Nachbarn zu Mülltonnen gehen, die wir Kinder vor zwanzig Jahren bemalt haben, mit Sonnen, Palmen, Regenbögen. Verblasst inzwischen. Alles hier ist so alt wie ich. Die Bäume, die Straße, die Häuser. 1972 gebaut, mein Geburtsjahr. Der graue Putz, die riesige Atlaszeder in unserem Vorgarten, die rissigen Lichtschalter im Haus, das vernarbte Parkett im Wohnzimmer – so alt bin ich schon? »Tja«, sagt mein Vater auf der grauen Terrasse, »der Lack ist ab.«

Wie still es ist. Kein Kreischen mehr, kein Fußballdonner. Es ist, als habe jemand den Ton abgedreht. Manchmal stelle ich mir vor, dass ein Telefonschellen das einzige Geräusch ist, das die Ruhe unterbricht – dann, wenn eines der Kinder aus Kiel, Berlin, Frankfurt oder Flensburg anruft. Wir alle sind ausgezogen. Wenn einer von uns wiederkommt, jetzt mit dem eigenen Kind auf dem Rücksitz, laufen oft mehrere Nachbarn auf die Straße, als hätten sie seit dem letzten Besuch hinter den Küchenfenstern gewartet. Alle sind über sechzig, viele über siebzig. An jedem 17. Mai gibt es bei Familie

Köppen Erdbeerkuchen, wie damals zum Einzug. Weil niemand mehr arbeiten muss, sind die Geburtstagsfeiern von den Abenden auf die Vormittage verlegt, dann singen alle »Hoch soll sie leben!«, meine Mutter sagt manchmal: »Lasst uns heute mal nicht über Krankheiten sprechen«, doch dann fragt Herr Köppen mit seiner straßenbekannten Ironie: »Worüber denn sonst?«

Vielleicht wäre es wieder Zeit für eine Studie über »gruppenspezifisches Wohnverhalten«. Unsere Eltern waren gemeinsam jung, nun werden sie gemeinsam alt. Die Skepsis der späten Jahre hat Bewegungsmelder an den Häusern befestigt und gusseiserne Gitter vor manches Fenster geschraubt. Viele Rollläden schließen mittlerweile elektrisch, meist schon um zehn Uhr. Es gibt jetzt auch Zäune.

Die Utopie von damals, all die Bauhausgeometrie, ist längst überwuchert. Meine Straße hat nichts Transparentes und Visionäres mehr, es könnte sie genau so auch in Bielefeld geben oder in Pirmasens. Sie ist eine ganz normale, deutsche Eigenheimsiedlung geworden; eigentlich war sie es schon immer. An die Kirche oben in der Hochhaus-Hustadt hat jemand *»fuck you«* gesprüht, unten in der Reihenhaus-Hustadt waschen Rentner ihre Audis.

Anders als im Hochhausriegel hat es in der Albert-Schweitzer-Straße keine Arbeitslosigkeit gegeben, keine »sozialen Härten«, hier konnten alle ihre Reihenhäuser abbezahlen. Meine Straße wurde vor gut dreißig Jahren mitten in den Zeitgeist hineingebaut, und doch war und blieb sie immer eine entlegene Straße, eine Straße abseits des Zeitgeschehens. Hier fanden keine Demonstrationen statt, keine Revolutionen, nur Straßenfeste. Im Sommer roch es nach gemähtem Rasen und im Winter, wenn mein Vater im Keller verschwand, nach Skiwachs. Mit den Fotos aus den Alben meiner Eltern ließe sich ein Lehrbuch über die alte Bundesrepublik bebildern, das Kapitel über das eingelöste Wohlstandsversprechen Westdeutschlands. Diese ungeheure Kontinuität! Ein ganzes Erwachsenenleben im gleichen Haus. Bäume pflanzen und sie dann wachsen sehen – ein Luxus, der heute fast schon wieder wie eine Utopie erscheint. Die zweite Utopie, für die unsere Straße steht, dieses Mal verwirklicht. Bis heute ist bei mir eine große Sesshaftigkeitssehnsucht geblieben.

Wir lebten ein Leben in der Zuschauerperspektive. Krisen und Katastrophen kamen nur per Tagesschau in die Albert-Schweitzer-Straße. RAF, Nachrüstung, Seveso, Bhopal. Und dann Tschernobyl. Da erreichte uns die Realität. Ich spielte draußen Fußball, als der Regen kam. Allerdings war die Aufregung ähnlich groß, als irgendwann in den Achtzigern ein Hund in unseren Vorgarten schiss. Es war die Zeit, in der ich sehr gerne Atompilze malte, in Schulhefte und auf Schreibunterlagen. Im Atompilzmalen brachte ich es zur Perfektion, oben in meinem Zimmer, während es aus dem Keller wieder nach Skiwachs roch. Von heute aus betrachtet, herrschte damals eine von vielen Ängsten überlagerte Ereignislosigkeit.

Der letzte wirklich tiefe Einschnitt war die Änderung der Postleitzahl.

Und doch ist etwas passiert: Es ist Zeit vergangen. Die Natur holt sich zurück, was ihr vor Jahren abgerungen wurde. Zwischen den Pflastersteinen wächst Moos, die Wurzeln heben die Gehwege an, und durch die Gärten huschen Eichhörnchen. Die Vögel haben sogar Namen. Neulich starb Domestos, der zutrauliche Amselvater.

Der Tod ist jetzt da. Meine Eltern werden sich vielleicht erschrecken, dass ich das so schreibe. Aber sie reden ja selbst von der »Witwenreihe« in unserer Straße, wo schon fünf Männer gestorben sind, und inzwischen betrachten sie die autogerechte Hustadt mit den Augen des Alters: Der nächste Briefkasten ist einen Kilometer entfernt, der nächste Supermarkt zwei. Wenn das erste Haus in der Straße »leer gestorben« sei, sagen sie mit einem unterdrückten Lachen, könnten es die Nachbarn doch gemeinsam kaufen und an ein junges Ehepaar vermieten – er könnte dann die Gärten machen, sie die Pflege.

Es tut weh, sie so reden zu hören. Meine Eltern sind gerade Mitte sechzig. Sie gehören zu den Jüngsten in der Straße, sie müssten noch nicht auf das Alter warten. Doch sie haben das Problem vor Augen. Bestimmt würden sie sich in einem gemischten Viertel, wo sie zu den Älteren zählten, jünger fühlen. Aber umziehen, nach all den Jahren?

Der Gedanke lohnt nicht. Meine Eltern sind in einem Neubauviertel verwurzelt. Sie sind heimisch geworden in einem Haus, das ursprünglich eine Investition in uns Kinder war. Der Garten, der Hobbyraum, das eigene Zimmer – alles für uns. Als Kind war einem auch das nicht so bewusst, aber jetzt, da ich meine Eltern auf der Terrasse sehe, wird mir klar: Sie leben meinetwegen hier. Mein Vater, als Kriegskind zigmal umgezogen, wollte eigentlich kein Eigenheim. Meine Mutter schon eher, sie kannte es von ihren Eltern so. Nun stehen sie vor dem Haus, das sie für uns bauten. Und wir sind weg.

Drei-, viermal im Jahr fahren wir hin. Im Sommer spielen die Enkel dann im Garten. Mein Vater holt den Rasensprenger raus, meine Mutter macht wieder Tuppereis. Wenn wir nach ein paar Tagen wieder fahren und ich in den Rückspiegel schaue, sehe ich meine Eltern im Vorgarten stehen. Sie winken wie früher meine Großeltern.

Mönchgasse 4 in Flerzheim

So Gott will

Von Susanne Mayer

Das Rheinland in den Fünfzigern. Kirchenglocken strukturieren den Tag im Örtchen Flerzheim, nackte Haut ist ein Skandal – Rückblick in eine gottesfürchtige Zeit.

Einmal bin ich die Mönchgasse hinuntergeflogen. Es war ein lauer Sommernachmittag, ich segelte an unserem Haus vorbei, die Arme nach beiden Seiten ausgestreckt, das rechte Bein nach hinten wie ein Steuer hochgehalten, wurde schneller, schneller, bitte, lieber Gott, schneller, der Wind zauselte meinen roten Tellerrock mit der weißen Zackenlitze, dann fiel die Welt rechts und links zurück. Auf und davon! Gleich würde alles unter mir liegen, die Kirche in meinem Rücken, der Schulhof mit der Linde, der Bach in seinem stinkenden Schlick, unser Haus am Beginn der Mönchgasse. Die ganze Straße würde ich runtersehen können bis zum Ende, wo die beiden großen Bäume rechts und links vom Friedhofstor auf alle warten, und weiter noch, über die Felder und Wiesen, die Gärten mit den langen Rübenreihen, die Allee, unter deren Bäumen die roten Linienbusse dem nächsten Dorf entgegenfuhren. Mein linkes Knie zitterte. Der Oberschenkel vibrierte. Die eisernen Rollen unter meinem Schuh schwengelten wild nach rechts und links, dann kippte mein Oberkörper, neigte sich in Richtung Asphalt, tiefer und tiefer, als presste mich eine schwere Hand zurück ins Dorf – und ich klappte zusammen wie der Zirkel zum Ende der Rechenstunde.

Als meine Mutter mir das Blut vom rechten Jochbein tupfte, zischte sie, die Narbe würde ich mir ein Leben lang ansehen können.

Da hatte meine Mutter unrecht. Meine Kindheit in der Mönchgasse hat viele Spuren hinterlassen, aber keine am Jochbein. Sehnsüchte, Träume und Ängste lagern anderswo. Wenn mir heute der Wind ins Gesicht bläst, auf dem Fahrrad oder beim wilden Abfahrtslauf, dann kann es sein, dass in mir wider alle Vernunft das Gefühl aufsteigt, Abheben könne sich lohnen, egal, wie es sich nach dem Absturz anfühlt. Wenn ich Kirchenglocken höre, keimt in mir widerwillig ein Gefühl von Heimat.

Das Läuten der Kirchenglocken war der Soundtrack meiner Kindheit. Papa Ratzinger kann mich nicht das Fürchten lehren. Vom Läuten der Glocken wurden wir morgens geweckt und mittags nach Hause gescheucht, mit dem Schlag der Glocken lernten wir Kinder zählen, einszweidrei, schon Viertel vor, jetzt aber zum Essen. Das Läuten zur Abendmesse bedeutete: Schluss und aus, egal wie schön das Spiel ist! Das Geläut schien sogar die Kühe vor sich herzutreiben, durch die Gasse auf die Weiden, und es lockte sie abends an unserem Haus vorbei in die

Ställe zurück; breitbeinig stelzten sie durch den Ort, mit schwenkendem Euter. Die Glocken unterbrachen unser Sonntagsfrühstück, dann durften wir den Eiglibber stehen lassen und zu denen, die zur Kirche strebten. Wenn jemand gestorben war, bimmelte es jämmerlich. Wenn er zu Grabe getragen wurde, wühlten die Glocken die Verzweiflung auf. Guck mal, flüsterten wir dann hinterm Küchenfenster, das sind die Eltern. Und da, da geht der Papa! Der Kirchturm von Flerzheim ist von weit her zu sehen, schon wenn man, von Bonn aus kommend, an der Kiesgrube vorbei den Hügel runterfährt, überragt der kalte Bau aus dem 19. Jahrhundert in grotesker Höhe alle, die da wohnen.

Damals, in den Fünfzigerjahren, lebten etwa tausend Leute in Flerzheim. Es war ein Leben im Schatten des Katholizismus. Einer meiner ersten erlaubten Ausflüge über die Mönchgasse hinaus führte zum Rand der Felder, Spargel holen, und ich erinnere mich, wie meine Schwester und ich von einer Meute Kinder verfolgt wurden, die grölten: »Ihr seid evangeeelisch!«, und meine Schwester zerrte mich weiter, und ich flüsterte: »Was heißt evangeeelisch?«

Evangelisch hieß: Sünde! Ewige Verdammnis! Evangelisch hieß, blind auf die Hölle zuzuleben. Meine Mutter war aus Hannover. Sie war evangelisch. Das machte aus ihr die Attraktion der Mönchgasse. Manchmal lagerte die Dorfjugend in Trauben vor dem Eisentor an der Straße und äugte auf die Wiese, wo meine Mutter im Liegestuhl ruhte. Blond gelockt im Sonnendress, gerüschtes Bustier mit Schößchen. In der Hand ein Buch! »Dat is 'ne Tänzerin!«, piepste es vielstimmig vor unserem Tor. »Die hät sich dä Hans ausm Kriech mitjebracht«, hörten die Kinder zu Hause.

Wir gehörten nicht ins Dorf. Mein Vater war mit seiner jungen Familie – knapp drei Tage vor meiner Geburt – aus Hannover zurück ins Rheinland gezogen, in das Dreißigerjahregebäude, das sich seine Eltern als Alterssitz neben den Hof der Familie geklotzt hatten und dessen heller Giebel bis heute die umstehenden Häuser überragt. Oma Mayer, ihre Schwester und der Bruder waren zu alt, um den Hof zu bewirtschaften. Der Einzug sollte ein Zwischenstopp sein auf dem Weg ins von meiner Mutter erträumte Stadthaus in Bonn, bis für Hof und Herrschaften eine Regelung gefunden wurde. Aber das Leben schreibt, wenn man es lässt, sein eigenes Skript und hatte ein nicht enden wollendes Kapitel vorgesehen, dem meine Mutter rückblickend die Überschrift gab: »Wie ich meine besten Jahre in einem blöden Kaff vertat.«

Meine Mutter war neben der Dorfschulleiterin die einzige Frau im Dorf mit Beruf – sie war Gymnastiklehrerin, im frühen Ruhestand, wie sollte sie auch einen Beruf ausüben, auf dem Dorf, eine halbe Stunde Fahrt von der Stadt entfernt, in Zeiten, in denen niemand ein Auto hatte? Sie war aber nicht die Einzige, die das Schicksal hinterlistig in der Mönchgasse abgesetzt hatte. Nebenan auf unserem Hof wohnten Flüchtlinge aus Pommern, Familie Liepmann*, die mit acht Kindern und der Großmutter den Treck überlebt hatte, unser Land pachtete und wenige Jahre später schon drei der vier Töchter in reiche Höfe verheiratet hatte.

Im Melkerhäuschen hauste, in zwei Zimmern mit maximal zwölf Quadratmetern, ein Knecht mit seiner jungen Frau und fünf Kindern. Von meinem frühkindlichen Beobachtungsposten auf der Küchenbank aus hatte ich den Schulhof im Blick, wo inmitten des Pulks der männlichen Dorfjugend unser schlaksiger »Neger« zu bewundern war, der seine Existenz einem amerikanischen Befreier verdankte.

Und eines Tages klingelte es an unserer Tür, und da standen, Hand in Hand, ein Junge und ein Mädchen. Hänschen und Irmchen. Unser Vetter und die Cousine, Kinder von Tante Susi, die nach missglückter Ehe im Gesindehaus aus Backstein Zuflucht suchte. Im Schlepptau hatten sie das alte Gretchen, das schon mit dreizehn Jahren im Haushalt meiner Großeltern angeheuert, dort meinen Vater und seine Schwestern Susi und Änne großgepäppelt hatte, von Susi dann zur Versorgung ihrer Zwillinge herangezogen worden war und jetzt also mit mir hinter das Haus zu den Gänsen pilgerte und mir zeigte, wie Futter auszustreuen wäre. Weshalb mir bis heute ein Leben ohne buntes Geflügel als gänzlich verschwendet erscheint und das Leben in einer Kleinfamilie als fataler Irrtum.

Man schnitt die Spültücher aus alten Unterhosen, hatte aber Personal. Es gab Kraft-Scheibletten, aber zur Sommerszeit ernteten wir im Gemüsegarten hinter dem Haus die Erdbeeren waschschüsselweise. Die Erwachsenen versanken gelegentlich in ihrer Tristesse, aber wir Kinder konnten ja ausweichen. Ich beispielsweise zog gerne zwei Häuser weiter zu Tante Susi, wo ich ihr Treppchen vor der Haustür putzen durfte, die später ein Gedankenloser zugemauert hat. War niemand da, ging ich über die Brücke zum Schulhof und hörte mir an, wie Lehrer Jung* sich die Seele aus dem Leib schrie. Zog dann eine Schleife durch das kühle Kirchenschiff, knickste vor dem Ewigen Licht, lief zurück in die Mönchgasse, in den Garten, wo ich vor dem alten Backhaus einen Marienschrein betrieb, indem ich eine geschlossene Mohnblüte vorsichtig zu einem Rock aufrüschte und vor der Ofenklappe positionierte. Rüber in den Kuhstall von Bauer Schuster*, wo das Kälbchen so gierig an meinem Rocksaum saugte, bis aller Stoff verschwunden war und ich an ihm ruckelte, bis der Schlund ihn wieder freigab und der Rock mir glibbrig um die Beine hing. Einkehr bei Liepmanns, wo die Frau in der Küche frisch geschnittene Nudeln über das Herdgeländer hängte, bei Franziska prüfen, ob der einzige Fernseher des Dorfes noch da war, an Frau Schmitz* vorbei, die gerne ihren gigantischen Busen auf ein fettes Kissen bettete und in die leere Straße guckte, weiter zum Friedhof, auf der Mauer alle Gräber umkreisend, und nochmal, und zurück nach Hause.

Die Mönchgasse wirkt heute so sauber. Samstagnachmittag, und die Kirche schweigt. Wo Frau Schmitz lagerte, stehen Orchideen im Fenster. Wo der Schustersche Kuhstall war, klotzt nun ein Neubau aus rotem Stein, als sei er als Filiale der Kreissparkasse vorgesehen. Nur unser

Hof sieht schöner aus denn je, Stadtmenschen haben ihn gekauft und das Fachwerk restauriert, mit historisch bezeugten Farbvarianten. Wo früher Schweine auf dem Mist tollten, stehen nun Buchsbaumkugeln in Terrakotta. Der herrlichste Garten da, wo Irmgard und ihre Freundin Mathilde mich einmal in die Enge trieben und stundenlang ohrfeigten, weil ich Mathilde eine blöde Ziege genannt hatte und nicht widerrufen wollte. Ich spüre noch heute den grübelnden Blick meiner Mutter, ob ich wohl Mumps hätte, so, wie ich aussah. Nun, nichts im Vergleich zu dem, wie Irmchen aussah, als sie unter den Rübenwagen kam und sie beinahe gestorben wäre, aber nach sechs Wochen wieder aus der Klinik nach Hause durfte, wo sie noch heute mit ihrer schönen Tochter wohnt, die nach der Oma Susi benannt ist, nach der auch ich heiße.

Noch heute sehe ich Irmchen auf der Straße liegen, in ihrem geblümten Sommerkleid, das Gesicht krebsrot. Immerhin mehr Glück gehabt als Bauer Haferberg*, den ein Bulle gegen die Kante des Hängers trieb, wodurch sein Bein abgeklemmt wurde, das später amputiert werden musste. Es gab im Dorf immer Anlass für Herzklopfen. Nachts läuteten die Feuerglocken, und die Kühe rissen an den Ketten. Jedes Jahr, wenn in der Eifel der Schnee schmolz, quoll der Bach aus seinem stinkenden Bett und spülte die Mönchgasse hinunter in unseren Keller, löschte den Kohleofen, gurgelte in die Vorratshaltung, bis die Gläser mit den Mirabellen gegen die Kellerdecke schlugen.

Wenn das Wasser gesunken und alles wieder geputzt

war, pflückten wir Pfingstrosen und Tulpen und streuten Blütenmuster auf die Straße, damit der Leib des Herrn bei der Fronleichnamsprozession darübergetragen werde. Dann donnerten die Glocken, Auftritt der Mädchen mit ihren weißen Tüllpetticoats und den Blumenkörbchen vor dem Bauch. Mein Haar zu einem Krönchen gesteckt! Der wundervollste Moment des Jahres …

Am schönsten aber war es in der Mönchgasse des Abends, wenn es Sommer war und die Schwalben über die Gosse jagten, als wäre Regen zu erwarten, und aus den offenen Fenstern Geklapper drang – dann war es am allerschönsten. Dann mussten wir Kinder natürlich rein und wurden abgefüttert, und wir hörten in unseren Betten, wie das Melkgeschirr klapperte und die Kühe träge muhten. Vielleicht zählte man noch den Schlag der Kirchturmuhr. Einszwei. Das Läuten! Huch, schon wieder ein Morgen!

* Namen geändert

Hüttenstraße 15 in Sangerhausen

Wie in Amerika

Von Christoph Dieckmann

DDR 1968: Der Junge ist zwölf, als die Familie von Dingelstedt nach Sangerhausen am Südharz zieht. Vom Dorf in die Stadt, wo die Häuser höher als die Bäume sind, die Menschen geschwätzig und die Mädchen ziemlich reif.

Diese Kinderkatastrophe hat sich 1968 zugetragen. Der Blitz schlug aus heiterem Himmel ein. Ein Juniabend war es und ich zwölf. Wir saßen um den Tisch der Sommerstube und löffelten Erdbeeren mit Milch. Da eröffnete Vater: »Anfang September ziehen wir um.«

»Was? O bitte nein! Warum?«

Nach zehn Jahren Dingelstedt, erklärte Vater, wolle er die Pfarrstelle wechseln. Auch wegen Muttis Gesundheit. Die Dorfpfarre zehre sie auf – der riesige Garten, das uralte Haus, im Winter ein Eispalast. Wir zögen über den Harz, nach Sangerhausen. Dort könne Michael am Ort auf die Erweiterte Oberschule gehen, statt täglich mit dem Bus nach Halberstadt zu fahren.

Michael, der Große, nickte eingeweiht. Der zehnjährige Wolfgang weinte. Baby Stephan schlief im Körbchen und fand sein Menschenrecht auf Heimat unbedroht. Ich würgte eine Frage aus: »Und Muck?«

»Dein Kater kommt natürlich mit.«

Fortan war Abschied – von Haus und Hof, vom Huywald und den Kirschplantagen, vom Thingplatz und der Üppelquelle. Die Symphonie des Dorfes verklang – Trecker und kreischende Sägen, der Gänsechor, das Hufgeschnalz der Pferde, das wimmelnde Trappeln der Schafe im Hohen Weg. Noch läuteten die Glocken der väterlichen Kirche. Ich saß tragisch auf der Mauer, noch zu Hause und schon heimwehkrank, und sah den Leichenzug des Herrn Klietz hinauf zum Friedhof schreiten. Mir stand ja demnächst Ähnliches bevor.

Das neue Schuljahr begann. Ich wollte für einen letzten Tag zu meiner Klasse gehören, zu Ulli, Konni, Eberhard und der rapsblonden Angelika. Frau Schmädig verabschiedete mich und stellte eine Neue vor. Hass überfiel mich. Diese Zugereiste erbte nun mein Dorf. Ich erwirkte ein Klassengelächter über ihren Namen. Zieta hieß sie, Zieta Müller. Frau Schmädig, scharf: »Denkst du, Christoph ist schöner?«

Der Möbelwagen kam. Seit Tagen verschwunden war Muck. Kurz vor der Abfahrt fand der Streuner heim. Ich griff ihn und sperrte ihn in die Kiste. Er fauchte und kratzte, ich heulte vor Erleichterung.

Die Stadt war groß, die Stadt war fremd. Welt und Heimat fielen auseinander. In Sangerhausen lebten dreiunddreißigtausend Menschen – recht andere als auf dem Dorf. Sie hegten und töteten kein Vieh. Sie pflügten keinen Acker und mähten kein Korn. Das lehmige Schweigen des Landes war ihnen unvertraut. Sie redeten rasch, in einem schmutzigen Idiom, das sie durch Gelächter unterbrachen. Ihre Fenster sahen keinen Wald. Ihre Häuser überragten ihre Bäume. Sogar einen Wolkenkratzer hatten sie errichtet, zehn Stockwerke hoch, wie in Amerika.

Unser neues Pfarrhaus – verdiente es den Namen? Ein Backsteinquader gluckte hinter einer Hecke. Füglich stak er in der lückenlos bebauten Hüttenstraße. Die Treppe wurde von einer mächtigen Kastanie überdacht. Drinnen war alles eng. Die knappen Räume fassten kaum das mitgebrachte Mobiliar. Auch Hof und Garten waren klein. Der Fußball flog dauernd zur Nachbarschaft oder krümmte die Fenster (pro Scheibe drei Mark sechzig vom Taschengeld). Kickte man zur Unzeit, so erscholl aus dem ersten Stock das mansfeldische Protestorgan des Obermieters Geyer: »Je ahler dasde würschte, desdo dümmer dasde würschte!« Kurt Geyer war Nachtschichtler bei MIFA, den Mitteldeutschen Fahrradwerken, und ein Muffkopp erster Güte. Umgänglicher zeigte sich sein üppiges Weib. Marie Geyer hatte Stephan in ihr Herz geschlossen und spielte für »Kleinsüßchen« Oma. Eines Wintermorgens verheizte sie Kurts Gebiss; er hatte es am Abend fahrlässig auf der *Freiheit* abgelegt, mit der Marie in der Frühe anzuheizen pflegte. Geyers hatten einen Sohn, Horsti, der kurz nach dem Bau der Mauer abgehauen war. Einmal kam er zu Besuch. Stundenlang saßen Vater und Sohn wortlos am Gartentisch, zwischen sich ein kleines quakendes Radio, das die Unterhaltung übernahm. »Dä«, sagte Kurt von Zeit zu Zeit, und Horsti: »Nu da.«

Hatte Geyer ausgeschlafen, dann stand er im Schlafanzug am Zaun und observierte den unablässig fließenden Verkehr. Die Hüttenstraße war ein Autoalbtraum. Der gesamte Fahrzeugstrom der F80 von Halle nach Nordhausen quetschte sich durch diesen Schlauch. Ruhig wurde es nur nachts, von zwei bis halb fünf. Danach wummerten die Laster wieder durch die Bodenwellen. Ich konnte nicht schlafen. Ich wollte mich nicht gewöhnen. Ich sehnte mich aufs Dorf. Muck war nach einigen Wochen entlaufen. Ein neues Kätzchen lehnte ich ab; Wolfgang nahm es. Noch am selben Tag wurde es in der Hüttenstraße überfahren.

Wir heulten jeden Abend im Bett. Mutter war ganz fertig und sagte: »Hätten wir gewusst, dass es euch so mitnimmt, wären wir nicht umgezogen.« Auch Michaels Oberschulpläne zerstoben. In Sangerhausen regierte die Kreisschulrätin Richter, eine Margot Honecker auf Rayonsniveau. Die ließ kein Kirchenkind zum Abitur, und hätte es den Notendurchschnitt eins gehabt. Michael musste nach Querfurt, ins Internat. Dort flog er nach einigen Wochen, wegen Tischgebets und ähnlicher Attentate auf die Arbeiter-und-Bauern-Macht.

Das rote Mansfeld … Politisch gehörte Sangerhausen nach Halle, zum Chemiebezirk, wo sich der *Herzschlag der Arbeiterklasse in Geschichte und Gegenwart* besonders kräftig vernehmen ließ. Ausladende Neubauviertel umstanden die mittelalterliche Ackerbürgerstadt. Die DDR-Zeit trieb die Einwohnerzahl hoch und forcierte die Industrie. Weithin bekannt waren MIFA und MAFA, die Maschinenfabrik. Der Kupferbergbau formte Sangerhausens Wahrzeichen. Ein riesiger Kegel, so thronte die Halde über der Stadt. Stahltrossen verbanden ihren Gipfel mit dem Förderturm, dessen spulendes Rad die Kumpel neunhundert Meter tief ins Gebirge seilte und die Kupferschiefer, die sie dort unten brachen, herauf. Tag und Nacht schwebten die Loren voll tauben Gesteins zur Kegelspitze, schlugen dort um, entleerten sich und schaukelten wieder zum Turm, frei geworden für die nächste Last, die ihnen von den Männern im Berg schon immer bereitet war. Die Menschen brachen den Berg, der Berg brach die Menschen, auf dass sie einander ähnlich würden. Dem Dorf- und Waldkind schien das ein schauriges Leben, doch für viele Klassenkameraden war es ausgemacht, dass sie, gleich ihren Vätern, ins Kupfer gingen. Selbstgefühl und Propaganda sprachen unisono: *Ich bin Bergmann, wer ist mehr?*

Jeden zweiten Montagmorgen stapften wir Schüler der siebten Klasse zum Thomas-Müntzer-Schacht empor, um *Unterricht in der sozialistischen Produktion* zu erhalten. Wir reparierten Herkules-Wasserpumpen, wir demontierten Abbauhämmer und schrubbten sie mit Waschbenzin, stimuliert vom goldenen Humor des Vorarbeiters, der uns *Nachtjacken* und *Schäbberochsen* nannte. Brillenträger erfreuten sich besonderer Kommentare. »Kennst du dich de schärfste Brille?«, fragte er. »De Scheißhausbrille. Dadurch tuste jeden kleinen Scheißdreck sehn.«

Auch die Schule trug den Namen des Regionalheiligen Thomas Münzer (wenngleich ohne t). Eins fiel an den neuen Kameraden sofort auf: die proletarische Frühreife. Auf dem Dorf hatte es als *memmenhaft* gegolten, sich mit Mädchen abzugeben. Nie hätte ich Angelika mein zartes Träumen offenbart. Und Christine, die Dingelstedter Klassenschönste, gestand mir fünfunddreißig Jahre nach unserer Schulfahrt zu den Rübeländer Tropfsteinhöhlen eine rührende Angst. Im Gedränge hatte das Besuchervolk Christine an mich gepresst. Sie wusste, nun bekäme sie ein Kind. Hier aber, in der Stadt, wurde begrabscht und gezotet, dass ich von einem Ohr aufs andere fiel. *Auf! sprach die Stute zum Hengst, die annern fläddern längst.* Den Mädchen schien's ein kreischendes Vergnügen. Klassenkameradin 1 hob an der Sprossenwand die Schenkel und quietschte: Ich wär so gerne schwanger! Kameradin 2 tat ein Übriges und bekam mit fünfzehn ein Kind. Kameradin 3, kokett und kalt, aber blond wie Angelika, verwirrte mein Herz, das deshalb die stille Kameradin 4 übersah. Damals sammelte ich *Mosaik*, den einzigen und besten Comic der DDR. Für die begehrten Hefte ging meine Matchboxsammlung drauf. Einträglicher tauschen ließen sich Beatgruppenfotos, noch besser Pornobilder. Ich beschaffte und verbarg sie, vor den Eltern. Mutter entdeckte die außerordentlichen Motive in Vaters Amtszimmer, unter einem Stapel der evangelikalen Zeitschrift *Frohe Botschaft für jedermann*. Sie empfahl zügigen Weiterhandel.

Die meisten Klassenkameraden *gehörten nicht zur Kirche*, da sie aus der Ostsiedlung stammten. Das war ein Bergmannsquartier, nach dem Kriege gebaut. Die Straßen, gesäumt von kargen Zweigeschossern, hießen

Einheit, Freiheit, Frieden. Erst heute fällt mir auf, wie das zugezogene Industrieproletariat die alteinheimische Stadtbürgerschaft überformt haben muss. Die Südharzer Identität wurde mansfeldisiert. Aber Sangerhausen, die *Berg- und Rosenstadt,* besaß auch Bürgertum, Kirchenmusik, das Spenglermuseum mit dem Mammutskelett und das wunderbare Rosarium, 1903 gegründet, den artenreichsten Rosengarten der Welt. Zwei Sommer habe ich dort gegärtnert, Teehybriden okuliert, Floribundawurzeln umhäufelt und das Lob des Rosariumsdirektors Vonholdt nicht erworben, da ich mit dem Rasenmäher übers Anschlusskabel fuhr.

Ferner klagte Vonholdt meinem Vater, dass ich unter Ziergesträuchen ausgiebig Siesta hielte – eine antispießerische Hippiemanifestation, die Bürger Vonholdt gebührend missfiel. Vater war gleichfalls empört und fand sich bloßgestellt, denn Vonholdts *gehörten zur Kirche.* Derart kategorisierten die Eltern auch die Hüttenstraße. In Nummer 1 residierte Kirchenamtsleiter Karl Kroha, in Nummer 7 der Kantor Hans-Joachim Wahl nebst Frau und fünf Kindern. Nummer 15 war unser Pfarrhaus. Weiter oben wohnte Frau Vollstädt; sie nähte Mutter nach dem Einzug die Gardinen. Hinterm Bahndamm lebte die herzensgute Frau Matthes, die *sich ganz treu zur Kirche hielt.* Dann begann die Ostsiedlung, deren Töchter aus dem nahen Bergbau-Lehrlingswohnheim Zugriff erfuhren.

Irgendwann spaltete ein Sturm die Kastanie vor unserem Haus. Der halbierte Baum musste gefällt werden.

Irgendwann starb Kurt Geyer. Marie kam vom Einkaufen, er stand am Fenster. Er warf die Arme auf, rief etwas Unverständliches, brach zusammen und war aus der Welt. Ich zog in sein Sterbezimmer.

Irgendwann stürzte in der Schlosserwerkstatt nebenan das Dach zusammen. Ein alter Arbeiter und ein Lehrling wurden erschlagen.

Irgendwann raubte der Staat Nachbar Sendler das Liebste: seinen Garten. Hart neben unserem Erdbeerbeet schoss ein Betonverbrechen auf: die neue Möbelfabrik. Sie lärmte Tag und Nacht und spuckte Sägemehl. Nachbar Sendler starb vor Gram.

Irgendwann verliebte ich mich in Christiane, die Tochter des Milchmanns. Das ging vorüber, irgendwann.

Ich stieg aufs Dach und schaute in den Sonnenuntergang. Aus dem Abendglast am Horizont ragte der Kyffhäuser. Vom Bahnhof pfiffen die Lokomotiven. In jenem Sommer lief im Radio der *Wandersmann* von Renft: *Schwere Bahnhofsdächer über uns gestellt / Gleise wie ein Fächer in die weite Welt / Zeit für mich, weine nicht / halt gefangen dein Gesicht/ wie man auch sein rotes Blut gefangenhält.*

1972 ging ich nach Sachsen, in die Lehre.

1975 zog ich endgültig fort.

1993 starb Vater. Mutter lebt noch in Sangerhausen. Sie hat abermals geheiratet, ihre Jugendliebe Joachim Wild, den sie bei einem Klassentreffen wiederfand. Er verkaufte sein Anwesen in Leverkusen und zog zu ihr. Sangerhausen mag er, nur eines missfällt ihm: der gnadenlose Pragmatismus der Sangerhäuser, die nicht für einen Sechser Metaphysik besäßen. Wie konnten sie nach 1990 die Schachtanlagen abreißen und dieses Kapitel Identität in die Grube schmeißen? Der hochsubventionierte Kupferbergbau ist Vergangenheit. Mit den umliegenden Gewerken verloren an die zehntausend Menschen ihre Arbeit. Auch die MAFA starb: zwölfhundert Arbeitslose. Die MIFA existiert noch; sie konkurriert mit Niedriglöhnen gegen chinesische Billigfahrräder. Die Einwohnerzahl sank auf fünfundzwanzigtausend. Neubauten aus den Achtzigern werden schon wieder abgerissen.

Die Halde ragt, eine Cheopspyramide der Industriegeschichte. Durchs Städtchen gelaufen, die Hüttenstraße hinab. Selbstverständlich ist die Schranke zu. Der müde Balken ruht auf schiefer Stelze. Schafgarbe blüht und Löwenzahn. Dann summen die Schienen, der Kupfer-Express eilt gen Halle. Sgraffito: *Ich hasse euch alle!* Milch-Hahn ist verschwunden, der Lottoladen, der Bäcker, Einickes Kneipe. Im Lebensmittel-Konsum sitzt die Allianz, im *Objekt* des Blockpolizisten Stieberitz ein Pizzafritze. Die Möbelfabrik steht ruiniert. Die Thomas-Münzer-Schule hat den alten Namen und neues Mobiliar. Schulfrei ist, Freitag vor Pfingsten. *Grundreinigung* erfolgt, mit zeitgenössischer Chemie. Kein vorzeitlicher Geruch hat überlebt, aber die Glocke im Flur. Unser Haus ist Superintendentur geworden. Im Hof der Flieder blüht gewaltig und feiert den Mai.

Drei Kathedralen der Ewigkeit besitzt Sangerhausen: die romanische Ulrichkirche, St. Jacobi mit dem schiefen Turm und, am unteren Ende der Hüttenstraße, das Café Kolditz. Im Dreikaiserjahr 1888 vom Kunstschmied

Edmund K. begründet, präsentiert es sich seit 1925 im selben Interieur. Allzeit frisch: der hausgemachte Kuchen. Gottvoll: die Stachelbeertorte mit Baiser. Kolditz' Erben Heide Freygang und ihr Sohn Falk führen das Unikat in vierter und fünfter Generation. Ja, sehr schön ist diese kriegsbewahrte Stadt, frisch gemalt und voll betagter Leute. Das Gonnaflüsschen trödelt unter der Göpenbrücke, die Menschen schieben sich gemächlich durch die hügeligen Straßen.

Am Rathaus ist Markt. Von überall hört man das klassische *Na freilich!*, mit dem der Sangerhäuser unablässig Einverständnis formuliert. Die Bratwurst kostet einen Euro. Eine alte Frau eilt auf dich zu: »Junge, hast du Hunger? Ich koche doch gleich.«

Es ist die Mutter.

Der Ichoring in Icking

Der Orts-Versteher

Von Stephan Lebert

Ganz Icking lauschte den Geschichten des Schuhmachers Matthias Steiger. Seit er tot ist, hat der zerrissene Münchner Prominentenvorort seine Seele verloren.

Bei der Rückkehr in meine alte Straße sind mir zwei Menschen begegnet, der eine ist tot, der andere bin ich. Matthias Steiger hieß er. Er war der Schuhmacher des Ortes und noch eine Menge mehr. Er hatte einen kleinen Kiosk mit Zeitungen, Zeitschriften und Süßigkeiten. Hinten war die kleine Werkstätte, in der er auf durchaus zweifelhafte Art Schuhe reparierte, vorn verkaufte er.

Man klopfte an eine Glasscheibe, dann kam er von hinten nach vorn und zog das Schiebefenster auf. Man konnte Süßigkeiten einzeln kaufen, eine Gummischlange für zwei Pfennige, drei kleine Colaflaschen für einen Pfennig und Negerküsse, so hießen die damals noch, kosteten je nach Wetterlage. Manchmal kostete ein Negerkuss beim Herrn Steiger fünf Pfennige, manchmal bekam man fürs gleiche Geld vier.

Wenn man reinbiss, wusste man, warum: Sie waren steinhart gefroren.

In einem Bücherregal in meiner Berliner Wohnung liegt sein Sterbebildchen. Ein altes Gesicht: höckrige Nase, Brille immer etwas heruntergerutscht, meistens schlecht rasiert. Seit ich denken kann, war Matthias Steiger alt, damals, Ende der Sechzigerjahre und die gesamten Siebziger. Meine Erinnerung an ihn hat sich gewissermaßen in eine Materie verwandelt, die aus Geschichten besteht, aus unendlich vielen Geschichten und seiner Lebensphilosophie, die deshalb so eindrucksvoll war, weil er sie gelebt hat.

Sein Sohn, ein hoher Finanzbeamter, sagte einmal: »Mein Vater ist einer, der hat sein ganzes Leben von einem Tag auf den anderen gelebt.« Da schaute ihn der schon hochbetagte Vater an und sagte: »Du auch, du weißt es nur nicht.«

Matthias Steiger vertrat die Ansicht, das gesellschaftliche Leben sei ganz falsch organisiert: Als junger Mensch müsste man eine Rente bekommen, weil man da ja vom Leben noch was habe, als Alter könne man dann ruhig arbeiten, was solle man schon sonst tun? Er hielt sich an dieses Prinzip: Als Junger ging er vor allem fischen, spielte Karten und ging auf die Rennbahn, kannte Frauen und traf Freunde. Als Alter war er fleißig, noch mit weit über achtzig fuhr er morgens um fünf bei jedem Wetter Zeitungen aus und stand in seinem Kiosk.

Vielleicht sollte man sich dieses Modell ganz schnell patentieren lassen und der Bundesregierung anbieten: Die Alten müssen ran, die Jungen bekommen Rente. So kann man der Vergreisung der Gesellschaft gelassen entgegenblicken.

Icking heißt mein Ort, fünfundzwanzig Kilometer südlich von München, knapp viertausend Einwohner, heute wie damals. Als ich im Rathaus die Sekretärin des Bürgermeisters frage, ob ihr der Name Matthias Steiger etwas sage, ruft sie: »Na klar, der Hias, das war noch ein richtiges Orginal!« Um dann hinzuzufügen: Nein, persönlich habe sie ihn nicht gekannt, sie sei erst in den Neunzigern nach Icking gezogen, aber alle würden immer von ihm erzählen, von seinen Geschichten.

Dass die Ickinger sich zwanzig Jahre nach seinem Tod immer noch an ihn erinnern, hat viel mit dem zerrissenen Charakter des Ortes zu tun. Seit den Sechzigern trägt Icking das Etikett »Münchner Prominentenvorort«. Golo Mann lebte hier, Klaus Doldinger, Gert Fröbe, Industrielle, Ärzte, Anwälte, schnell Emporgekommene. Icking profitierte davon, es gibt eine Grundschule und ein eigenes Gymnasium, einen S-Bahnhof, zwei Bankfilialen. Große, schöne Häuser wurden gebaut, mit großen Gärten.

In ziemlich kurzer Zeit kamen viele wohlhabende Fremde in diesen Ort, sie wollten aus ihrem Geld Leben und Lebensstil machen. Icking wurde Zeuge davon, dass es manchmal gar nicht einfach ist, so auf Knopfdruck leben zu wollen. Selbstmorde und psychische Erkrankungen gehörten fast schon zum Alltag in unserem kleinen Dorf, betroffen waren besonders Jugendliche.

Ich erinnere mich beispielsweise an den Sohn eines Apothekers, der bei uns öfter an der Tür stand und fragte, ob wir ihm eine Flasche Whisky oder Ähnliches borgen könnten, weil ihnen auf einer Party die Getränke ausgegangen seien. Bis eines Tages sein Vater bei uns läutete und darum bat, ihm nie wieder etwas zu geben, sein Sohn sei nämlich Alkoholiker. Also gaben wir ihm nichts mehr, obwohl er, ein dürrer junger Mann mit langen schwarzen Haaren, noch ein paar Mal flehentlich darum bat. Später hörten wir, dass er sich irgendwann das Leben genommen hat.

Steigers Kiosk war lange Jahre auf gewisse Weise das Zentrum dieses schwierigen Ortes. Bei ihm saßen regelmäßig Gert Fröbe und verschiedene Autoren, die ihm von ihren Schwierigkeiten beim Schreiben berichteten. Oder der sympathische, aber dubiose Immobilienmakler, der extra vor seinem Gefängnisaufenthalt nochmal bei ihm vorbeikam, um sich zu verabschieden.

In erster Linie aber kamen all diese Leute, um ihm zuzuhören. Steiger erzählte, dass die allererste Zeitung, die er austrug, im Jahr 1939 den Kriegsbeginn als Schlagzeile hatte. Er schilderte, wie sich bei ihm eine Schulklasse 1944 gut gelaunt abmeldete, um an die Front zu ziehen. Lauter Achtzehnjährige. Kein Einziger kam zurück.

Steiger selbst entkam dem Soldatsein, weil er einen Beamten bestochen hatte, damit dieser seine Personalakte vernichtete.

Am liebsten aber erzählte Steiger Geschichten von Schwindlern, Lebenskünstlern, von Gescheiterten, die sich das Scheitern aber nie eingestanden. Steiger war so etwas wie »Best of Icking«. Und damit gab er den Leuten, den Neuankömmlingen wie den Alteingesessenen, das

Gefühl, dass vielleicht hier ja doch alles irgendwie zusammengehöre.

Wir hatten eine Vorzugsbehandlung, denn Matthias Steiger kam zu uns jeden Tag zum Frühstück, beinahe zwanzig Jahre lang. Er brachte Semmeln, Brez'n, Zeitungen und Zeitschriften (mir steckte er den *Playboy* zu, als ich erst dreizehn war) und trank ein, zwei Tassen Kaffee. Und erzählte.

Zum Beispiel, dass ihm ein Eimer Leim aus Versehen auf den Schuhen seiner Kunden ausgelaufen war und er es nicht bemerkte, sodass daraus ein einziger Klumpen wurde. Als die Kunden ihre Schuhe abholen wollten, sagte er nur: »Die oiden Krampen hab i weggschmissn.« Bei einem anderen hätte man wohl die Polizei gerufen, aber was sollte man schon gegen den Steiger machen? Als er 1983 starb, kam der halbe Ort weinend zur Beerdigung. Er hatte uns Ickinger mit unseren Widersprüchen allein gelassen.

Ich stehe vor unserem früheren Haus am Ichoring, in dem schon längst ein anderer wohnt. Von draußen schaue ich in unseren Garten und versuche mich zu erinnern, wer ich damals war. Ich war sechs, als wir einzogen, und einundzwanzig, als wir wegzogen. Aber merkwürdig, mein Erinnern an mich funktioniert nicht, da ist erst mal nichts. »Das Vergangene ist nicht tot; es ist nicht einmal vergangen. Wir trennen es von uns ab und stellen uns fremd«, schreibt Christa Wolf in *Kindheitsmuster*, es sind die ersten Zeilen dieses Romans.

Ich gehe meinen alten Schulweg, den ich vierzehn

Jahre lang jeden Tag gegangen bin. Der Weg kommt mir fremd vor, ich kann kein anderes Gefühl herstellen. Ich gehe an schönen Häusern vorbei, an hohen Bäumen und bin mir nur ganz sicher, dass ich auf diesem Weg niemals dachte, dass es hier, rein kulissenmäßig, schön ist. Kann es sein, dass Schönheit keine Kategorie für ein Kind ist?

Wäre ja nett sozialdemokratisch, wenn das so stimmen würde: Das Urvertrauen eines Kindes hängt nicht davon ab, ob es in eher reichen oder in armen Verhältnissen auf die Welt kommt.

Ich versuche Bilder herzuholen. Schöne Familientage, sie waren es meistens. Die hübschen Zwillingsmädchen von schräg gegenüber. Die vielen Autos, die am Wochenende vor unserem Haus standen, weil es in der Nachbarschaft ein Ausflugshotel gab, die »Forelle«. Es hieß, es sei gelegentlich auch so eine Art Stundenhotel gewesen für Münchner Chefs und deren »Angestelltinnen«. Heute existiert die »Forelle« nicht mehr, es sind Wohnhäuser draus geworden.

Auch die beiden Lebensmittelläden in dieser Gegend sind längst geschlossen, nur zwei Bankfilialen sind noch da. Ich erinnere mich an den Schalterbeamten in der Post, damals wirkte er eher langsam und behäbig, heute ist der Mann Bürgermeister. Als ich ihn in seinem Büro besuche, nennt er sofort unsere alte Adresse. »Ein Postbeamter«, sagt er, »vergisst nie eine Adresse, das ist sein Schicksal.« Der Mann hat sich verändert, er wirkt schnell, witzig, klug. Manche Menschen stellen das Richtige mit ihrem Leben an.

Ich erinnere mich an meine Abiturfeier, das Ende einer für mich quälenden Schulzeit. Irgendwann stand ich draußen an diesem Festabend und bat den lieben Gott, dass er nicht wahr werden ließe, was ein paar Redner auf dieser Feier prophezeit hatten: Wir Schüler würden später mal zu der Überzeugung kommen, dass die Schulzeit unsere schönste Zeit im Leben gewesen sei.

Ich gehe ein paar Stunden durch meinen Ort. Und denke, vielleicht sollte man mal zwei Menschen miteinander reden lassen über ihre Erinnerungen, den einen, der immer geblieben ist, mit dem anderen, der irgendwann gegangen ist.

Ich stehe vor dem alten Steiger-Kiosk, nur drei Minuten von unserem alten Haus entfernt. Es ist kein Kiosk mehr, sondern eine Art Ökoladen. Es gibt Gemüse zu kaufen, Körner, viele gesunde Sachen. Früher hatte er so 'ne rotbraune Farbe, jetzt sieht es dunkler aus, kräftiger.

Für einen Moment stelle ich mir Steiger vor, wie er vor der Tür steht und einen seiner Lieblingssätze sagt: »Früher war es so, heute ist es anders.« Er hatte die besondere Begabung, seinem eigenen Leben wie einem Theaterstück zuzuschauen, sich daran zu freuen, auch oft zu ärgern, weiß Gott, aber nie zu überlegen, ob man es nicht besser umgeschrieben hätte oder es anders hätte inszenieren sollen. Dabei hätte er allen Grund gehabt zu klagen.

Matthias Steiger wäre gerne Schauspieler oder Rechtsanwalt geworden, doch sein Vater war lange Zeit ein sehr wohlhabender Schuster, der seinen Sohn zwang, auch mit körperlicher Züchtigung, ebenfalls diesen Beruf zu ergreifen. Mit der Übernahme des väterlichen Geschäftes wurde es nichts, weil der Vater, ein großer Lebemann, am Ende bitter pleite war und seine letzten Tage im Armenspital fristete. Steiger erzählte manchmal, wie es war, den schwerkranken Vater dort zu besuchen. Der Kehlkopfkrebs hatte ihm die Stimme genommen, er kommunizierte nur noch mit zwei Tafeln, auf der einen stand »Ja«, auf der anderen »Leck mich am Arsch«.

Steigers Frau wurde früh psychisch krank und starb später an Krebs. Sein Leben hätte anders laufen können, auch glücklicher. Aber das hat ihn nie beschäftigt. Er war der Beobachter. Der Erzähler. Das war seine Lebensposition, und sie hatte eine große Anziehungskraft auf andere. Er strahlte Freiheit aus, Unabhängigkeit. Er war stolz. Vielleicht war das auch sein Schutzwall. Ich habe ihn nicht ein einziges Mal klagen gehört, auch nicht, als es ihm gesundheitlich schon sehr schlecht ging.

Ich erinnere mich, dass er frühzeitig anfing, von einem kleinen Mädchen zu schwärmen, seiner Enkelin. Aus der werde mal was Besonderes, die werde Schauspielerin, sagte er. Da war sie noch keine zehn. Dafür habe er einen Blick, sagte er, Menschen, die sich selbst verlassen können, seien nicht so häufig, aber seine kleine Enkelin könne das.

Heute ist Michaela Steiger vierzig Jahre alt. Ich treffe sie in einem Café in Berlin, am Prenzlauer Berg, sie kommt mit dem Fahrrad. Wenn man sehr genau hinschaut und vermutlich ein bisschen hinzuphantasiert, kann man eine gewisse Ähnlichkeit mit ihm feststellen.

Sie ist tatsächlich Schauspielerin geworden, eine sehr gute und sehr erfolgreiche. Sie gehörte bis vor kurzem dem Ensemble der Berliner Schaubühne an, spielt jetzt vor allem in Zürich, arbeitet mit den großen Regisseuren dieser Branche zusammen. Es ist seltsam, in Berlin in einem Café zu sitzen und sich über den alten, toten Matthias Steiger zu unterhalten.

Sie sagt, sie habe ihren Großvater sehr geliebt. Und sie sagt, es sei nicht immer ganz einfach gewesen, weil sie ihren erst unlängst verstorbenen Vater auch sehr geliebt habe und der wiederum mit dem eigenen Vater oft Probleme hatte. Der Opa verkörperte das Prinzip Freiheit, der Vater das Prinzip Sicherheit. Und wahrscheinlich, sagte sie, stecke sie irgendwo dazwischen. Und wahrscheinlich muss man genau deswegen eine gute Schauspielerin werden.

Schade, dass er ihren Aufstieg nicht mehr erlebt hat. Für sie wäre er wahrscheinlich sogar mal nach Berlin gekommen, für eine Vorstellung.

Er, der sein Icking nicht ein einziges Mal länger als für acht Stunden verlassen hat.

Hortensienstraße 41 in Berlin

Unter Helden

Von Jens Jessen

Mehrere Familien der Widerstandsbewegung gegen Hitler lebten als Nachbarn in Berlin-Lichterfelde. Dort wuchs auch unser Autor Jens Jessen auf. Sein Großvater wurde nach dem 20. Juli 1944 hingerichtet.

Manchmal träume ich von der Hortensienstraße. Es ist immer der gleiche Traum. Ich versuche, mit einem kleinen Auto, vielleicht ist es sogar ein Tretauto, in die Straße hineinzufahren. Aber das Auto, so klein es ist, ist nicht klein genug für die Hortensienstraße. Wir bleiben stecken. Ich falte das Auto zusammen und klemme es unter den Arm; aber selbst so sind wir nicht dünn genug. Es ist ganz offensichtlich: Eine Rückkehr in die Hortensienstraße ist genauso unmöglich wie die Rückkehr in den Mutterschoß.

Die Hortensienstraße in Berlin-Lichterfelde, die Straße meiner Kindheit, hat auch heute noch, bei Tage und für meinen erwachsenen Blick, eine unheimliche Seite. Wenn man vom S-Bahnhof Botanischer Garten, der mit herrischer Gründerzeitgeste in den Himmel strebt, rechts in die Straße biegt, ähnelt sie einem dunklen Trichter, der sich mit atemberaubender Geschwindigkeit verengt.

Nach wenigen Schritten bleibt von ihr kaum mehr als ein mit Kopfsteinen gepflasterter Feldweg, auf der einen Seite bewachsen mit kleinen, kränkelnden Reihenhäuschen aus den Zwanzigerjahren, auf der anderen Seite mit großen knorrigen Mietshäusern, von großbürgerlich bis elend. Am Ende verliert sich die Straße und läuft in ein winziges Rinnsal aus, das in den Hindenburgdamm mündet.

Da hat die Straße aber schon ihren Namen gewechselt und den urbanen Bewuchs verloren. Als Resedenstraße wird sie rechts von Schrebergärten, links von einem ehemaligen Straßenbahndepot gesäumt. Wahrscheinlich ist es bezeichnend, dass sich dieses unrühmliche Ende, der Wurmfortsatz der Hortensienstraße, am rücksichtslosesten modernisiert hat. Das bröckelnde Straßenbahndepot ist zu einer Niederlassung der Bayerischen Motorenwerke geworden, die Schrebergärten sind gepflegt und haben ordentliche Zäune statt der alten Umgrenzung aus Bierflaschen, von denen meine Schwester seinerzeit glaubte, sie wären von den Bewohnern einzeln ausgetrunken worden, bevor sie mit dem Hals voran in den märkischen Sand gesteckt wurden.

Wahrscheinlich hatte meine Schwester recht. Heute jedenfalls sind die Flaschen verschwunden wie das dazugehörige Milieu. Was ist aus dem dreirädrigen Lastwagen geworden, dessen Fahrer frühmorgendlich nach »Alteisen, Lumpen, Papier« schrie? Was aus dem Bettler, der meinen Vater regelmäßig bei uns zu Hause aufsuchte und dessen Fingernägel von einer rätselhaften Krankheit zu schorfigen Blättern aufgeworfen waren? Was aus unserer

Putzfrau, die einmal in der Woche drohte, aus Verzweiflung über ihre familiäre Misere den Gashahn aufzudrehen? Selbst die struppigen und verstaubten Hortensien, die als Huldigung an den Straßennamen im Vorgarten meines Elternhauses standen, sind nicht mehr, und auch der wilde Wein nicht, der das Haus unter seinem Pelz verbarg. Es ist, als habe in der Straße eine Gespensteraustreibung stattgefunden.

Die Geister sind aber alle noch da. Einigen hat die Stadtverwaltung inzwischen Plaketten an ihren ehemaligen Wohnhäusern gestiftet, es sind der Professor Joachim Tiburtius, erster Kultursenator im Nachkriegsberlin, und der Graf Yorck von Wartenburg, der im Widerstand gegen Hitler sein Leben verlor. Keine Plakette befindet sich an dem ehemaligen Haus eines Bruders von Eugen Gerstenmaier, der im Widerstand gegen Hitler das Leben nicht verlor und deshalb Bundestagspräsident der Nachkriegsrepublik werden konnte. Keine Plakette erinnert an die halbstarken Söhne unseres Nachbarn, die der Schrecken der Straße waren, echte Rocker der Sechzigerjahre, mit öligen Entenschwanzfrisuren und öligen Mopedketten, die sie drohend in der Luft kreisen ließen. Keine Plakette auch hat die hübsche Tochter unserer Putzfrau erobert, die mehr noch als der trinkende Mann die Selbstmordgedanken der Mutter beflügelte; denn von dieser Tochter hieß es in der Straße allgemein, sie werde wegen ihrer frühreifen Schönheit ein böses Ende nehmen.

Das waren die Figuren meiner Kindheit; im Rückblick erkenne ich deutlich, wie sie alle noch aus der sozialen

Ordnung und politischen Unordnung der Kriegs- und unmittelbaren Nachkriegszeit stammten, Entwurzelte oder niemals Verwurzelte oder Hinterbliebene des gescheiterten Widerstandes wie meine Eltern auch, die auf Vermittlung der Witwe Yorcks in die Hortensienstraße gezogen waren. Wir wohnten in dem Reihenhäuschen Nr. 41, das war ungefähr auf halbem Weg zwischen der Nr. 12, in der die Witwe des Senators Tiburtius wohnte, und der Nr. 50, in der die Gräfin Yorck lebte. Es wäre nicht falsch zu sagen, dass sich zwischen diesen Hausnummern meine Kindheit erstreckte. Bei Marion Yorck, die meine Schwester und ich skrupellos aus ihrem Mittagsschlaf herauszuklingeln pflegten, gab es englische Drops; bei Louise Tiburtius, die nur auf Einladung besucht werden konnte, gab es Spekulatius und eine denkwürdig dünne Limonade, die ein starkes Verlangen nach härteren Drogen freisetzte.

In meiner kindlichen Perspektive bewachten die beiden Witwen Eingang und Ausgang der Straße. Jenseits der Tiburtia (wie sie allgemein genannt wurde) begann die Welt der kleinen Läden und gierig beäugten Kaugummiautomaten rund um den S-Bahnhof; jenseits der Gräfin Yorck die Welt der Bierflaschen und dunklen Gestalten, vor denen uns grauste. An dieser Einschätzung änderte es wenig, dass auch Gerstenmaiers Bruder jenseits des Yorck'schen Häuschens wohnte, und noch dazu in einem deutlich höheren Gebäude, das über der Eingangstür einen Balkon auf die Straße hinausreckte, der zu nichts taugte, es sei denn, man hätte Ansprachen ans Volk halten wollen. In meiner Perspektive passte dieser Balkon aber gut zu dem hochfahrenden Charakter Gerstenmaiers, denn obwohl meine Schwester bestreitet, dass wir ihn, wenn er seinen Bruder besuchte, mehr als ein- oder zweimal gesehen hätten, lebt er in meiner Erinnerung als kleiner Mann mit erhitztem Gesicht, immer kurz vor einem Wutausbruch stehend.

Gerstenmaier schien mir darum zu recht am bedrohlichen Ende der Straße zu Hause zu sein, während die Tiburtia ebenso rechtmäßig das verlockende Ende beherrschte. Die Tiburtia, klein, zerbrechlich und kostbar überschminkt, hatte ihre natürlichen Augenbrauen ausrasiert und zwei Zentimeter höher auf der Stirn neu gezogen, was den puppenhaften Charakter ihrer Erscheinung noch einmal verstärkte. Die Gräfin Yorck dagegen (übrigens bürgerlicher Berliner Herkunft), mit ihren dunklen Haaren, kräftigem Kinn und kräftiger Nase, war wie ein Kasperl aus dem Kasperltheater; das Leuchten ihrer Augen und dunkle Knarren ihrer Stimme (wie kostbares altes Parkett) wärmten mein Herz. Ich erinnere mich noch, mit welchem Vergnügen ich Jahre später ein ähnliches Knarren bei der Frau des Bischofs Scharff wahrnahm und dann noch einmal bei der Frau eines Professors und wie ich dann meine Mutter mit dem Wunsch quälte, sie möge doch alle drei Damen auf einmal einladen, zu einem Kaffeekränzchen des Knarrens.

Mag sein, dass die abgeschlossene Welt unserer Straße solche Obsessionen und idiosynkratischen Phantasien begünstigte; jedenfalls stand meine Kindheit unter dem

Stern alter Damen, allen voran meine Großmutter, die in ihrem Wintergarten mit den Witwen der Generäle Olbricht, von Hase und von Kluge Bridge spielte (unter den Verschwörern im Oberkommando der Wehrmacht lief das Bonmot um: »Von Hase ist kein Hase, und von Kluge ist nicht klug«). Aber was die Hortensienstraßenwelt tatsächlich zusammenschloss und in gewisser Hinsicht vom restlichen Teil der Gesellschaft isolierte, wusste ich nicht im Entferntesten.

Erst Jahrzehnte später wurde mir klar, dass die Jessen, Yorck und Gerstenmaier, die hier in rätselvoller Freundschaft lebten, schon einmal in der Hortensienstraße zusammengekommen waren, während des Krieges, in dem Häuschen Nr. 50, an jenem 8. Januar 1943, als das legendäre Treffen zwischen den Sozialutopisten des Kreisauer Kreises, zu denen Yorck gehörte, und den konservativen Verschwörern um Goerdeler, Popitz und Generaloberst Beck stattfand, denen mein Großvater zuneigte. Man konnte sich zwar auf die Notwendigkeit eines Attentats einigen (Ullrich von Hassell ärgerte sich in seinem Tagebuch nur über den »angelsächsisch-pazifistischen« Grafen Moltke), aber im Übrigen einigte man sich auf nichts.

Eugen Gerstenmaier trug damals die wirtschafts- und sozialpolitischen Vorstellungen der Kreisauer vor, die sich scharf gegen Goerdeler wandten. Die Kreisauer sahen Goerdeler als Reaktionär; doch bestand das Reaktionäre für sie darin, dass er zu Marktwirtschaft und Parlamentarismus zurückwollte; heute würde man Goerdeler eher einen Liberalen nennen. So ändern sich die Begriffe mit den Zeiten, und was die Historiker säuberlich trennen, hing damals vielleicht zusammen, wenn auch manchmal genau seitenverkehrt. Jedenfalls hatte mein Großvater, obwohl zu den konservativen Militärs neigend, den Kreisauer Yorck schon Jahre zuvor an die Akademie für Deutsches Recht gezogen, die er für seine eigenen Zwecke, zumindest gegen die Absichten der Nazis, einzusetzen trachtete.

Aber wie auch immer die Gegensätze waren: Sie endeten mit dem gemeinsamen Tod der Verschwörer am Strang. Graf Yorck von Wartenburg wurde am 8. August, mein Großvater Jens Peter Jessen am 30. November 1944 in Plötzensee hingerichtet. Und erst recht endeten die Gegensätze für die Hinterbliebenen mit der Gründung der Bundesrepublik, die über Jahre von den Attentätern nichts wissen wollte. So begann das Bridgespielen, so entstand das Hilfswerk der Stiftung 20. Juli, das den Hinterbliebenen die Renten zahlte, die ihnen der Staat verweigerte, und so fand auch die Hortensienstraße wieder ihren Platz in der unsichtbaren Topographie des Widerstands.

Wenn wir einen Spaziergang machten, um Cory Popitz zu besuchen, die Tochter des preußischen Finanzministers, mussten wir nur über die S-Bahn-Brücke und die Moltkestraße hinunter bis zum Weddigenweg gehen; etwas weiter, über den Ostpreußendamm hinaus, wären wir auf die ehemalige Wohnung des Generalobersten Beck gestoßen. Wenn wir aber auf unserem Schulweg in umgekehrter Richtung die Moltkestraße über den Asternplatz hinausgingen, kamen wir am Haus meines Großvaters in der Limonenstraße vorbei, in dem seinerzeit das letzte Treffen der Verschwörer vor dem Attentat stattgefunden hatte (ohne Stauffenberg, aber mit seinem Adjutanten von Haeften). Selbst das Haus von Tiburtius, als einem Mitglied der Bekennenden Kirche, lag noch auf demselben historischen Pfad.

Wir Kinder wussten freilich nichts von der Karte, auf der wir uns bewegten; und ganz irrig wäre es anzunehmen, dass sich etwas von dem Glanz der Historie in unserem Alltag niedergeschlagen hätte. Er wurde von Eintöpfen beherrscht, von gebrauchten Möbeln, von den abgetragenen Kleidern anderer Kinder, die durch die Familien hindurch getauscht wurden; und auch die Kindermädchen, die sich um mich und meine Schwester kümmerten, waren keine Kindermädchen, sondern Hauswirtschaftslehrlinge, die meine Mutter ausbildete.

Die Lehrbefugnis dazu hatte ihr die Tochter des Historikers Friedrich Meinecke verschafft, die einer Berufsschule vorstand, und so probte meine Mutter mit den armen Mädchen, die aus den Tiefen des Weddings oder Neuköllns stammten, die Finessen eines großbürgerlichen Haushaltes, aber ohne die Mittel eines solchen. Ich glaube, dass die Lehrlinge vor allem lernten, wie man mit einer Kochkiste umgeht. Denn auch das gab es damals noch: eine hölzerne Truhe, mit Zeitungspapier gefüllt, in die man Speisen zum Nachgaren stellte. Die Kochkiste stand neben dem Gasherd (jenem, mit dem sich die Putzfrau einmal in der Woche vergiften wollte) und diente dazu, Energie zu sparen.

Gelegentlich kamen Inspektoren vorbei, um zu prüfen, ob in der Ausbildung alles mit rechten Dingen zugeht, und wahrscheinlich wird es meiner Mutter unvergesslich sein, dass sie eines Tages just in dem Moment auftauchten, als auf dem Küchentisch etwas lag, was dort sonst niemals zu sehen war: zwei Fasane, bereit zum Rupfen und Ausnehmen. Der Ruf meiner Mutter als Ausbilderin wuchs nach diesem Anblick ins Legendäre.

Gut ein Dutzend Mädchen wurden so durch den Haushalt geschleust; meine Schwester und ich waren der Meinung, dass sie vor allem unserer Unterhaltung zu dienen hatten. Und in der Tat: Ihre Tüchtigkeit schwankte, aber Anekdoten lieferten sie zuverlässig. Es gab eine, die regelmäßig von einem Verlobten abgeholt wurde, allerdings nicht immer von demselben Mann. Auf die verblüffte Frage meiner Mutter erklärte sie dann regelmäßig: »Det is meen andra Valobta.« Am nachhaltigsten war unser Entzücken (anfangs war es allerdings Entsetzen), als Heidi etwas kochte, dessen Kombination in der Küche meiner Mutter überhaupt nicht vorgesehen, streng genommen sogar ausgeschlossen war, nämlich Kassler mit Tomatensoße. Meine Schwester spricht noch heute von einem sogenannten Kochverbrechen.

Ungebrochen und frei von kindlichem Sarkasmus war dagegen unsere Freude an dem Mädchen, das mit uns, anstatt spazierenzugehen, Bus fuhr, und zwar von Endstation zu Endstation. So lernten wir zum einen, dass es eine Welt jenseits der Hortensienstraße gibt, und zum anderen, dass auch diese Welt zwei Seiten hat, eine verheißungsvoll tiburtische (wenn die Fahrt losgeht) und eine gerstenmaiersche (wenn die Fahrt zu Ende ist). So begriffen, taugte die Hortensienstraße als Metapher für ein ganzes Leben.

Noelleweg in Lüdenscheid

Gefallene Mädchen

Von Christiane Grefe

In den Sechzigerjahren war der Noelleweg ein Abenteuerspielplatz – mit einem Wald zum Verirren, einer Villa zum Ausspionieren und einer Gaslaterne als Marterpfahl. Heute kann sich hier kein Kind mehr blutige Knie holen.

Schon wieder die Lederhose, jeden Tag die Lederhose, wie ich sie gehasst habe! Sie glänzte schlammgrün und war steif wie eine Pickelhaube; sie hatte keine Herzchentaschen, nicht mal ein Hirschgeweih auf der Brust. Aber robust und abwaschbar war die Hose, denn meine Mutter hatte verständlicherweise keine Lust, jeden Tag die Löcher in Blusen und Röcken zu stopfen für ihre andauernd verdreckten oder verletzten Straßenkinder.

Kühle Erde auf der Haut. Der Duft nass geregneten Asphalts. Das Kratzen rauer Baumrinde in den Handflächen. Steinchen in den Fußsohlen, Fahrtwind in den Haaren: am intensivsten erwacht jedes Mal mein Körpergedächtnis, wenn ich mehr als drei Jahrzehnte nach dem Wegzug aus der Kindheit den Noelleweg wieder besuche, mitten im Zentrum der sauerländischen Kleinstadt Lüdenscheid, die, worauf sie stolz ist, wie Rom auf sieben Hügeln liegt.

Die folglich ziemlich steile Sackgasse mit kleinbürgerlichen Einfamilienhäusern könnte unauffälliger kaum sein, man ist dort Arzt, Apotheker, Prokurist, Beamter oder »Fabriksken-Besitzer«, wie mein Vater einer war. Aber für uns war sie ein weites Feld für Streifzüge und Fahrradjagden, für Sprünge in tiefe Laubhaufen oder die stundenlange Suche nach Eicheln auf allen Vieren, bis die Knie grasgrün waren. Und immer, wenn ich dort bin, spüre ich wieder die Holzsplitter in den Knien, die zerkratzten Ellenbogen, Stirnbeulen und schmerzvibrierenden Musikknochen nach tausend Stürzen und Flügen.

Die Stolpersteine und scharfen Hydrantenkanten sind noch immer da, die uns die Härte des Daseins lehrten. Doch von der Gassen- und Gartenlandschaft, vom Frei- und Spielraum ist nicht viel geblieben – auch wenn jetzt unten bei der Einfahrt ein Schild »Spielstraße« steht.

Dass Deutschland überaltert, treibt ja mittlerweile alle um; alle reden, endlich, über die Vereinbarkeit von Familie und Beruf und woher das Geld dafür kommen soll. Aber kaum jemand redet darüber, wie die Kinder aufwachsen, die gekriegt werden; zum Beispiel über das Verschwinden freilaufender Streuner aus der Öffentlichkeit und die Beschneidung ihrer Bewegungsmöglichkeiten in zugebauten Siedlungen. Warum Jungen und Mädchen heute kaum mehr fünfzehn Stunden in der Woche draußen sind, nicht mal halb so lange wie vor dreißig Jahren: Die Verwandlung meiner Straße in den letzten Jahrzehnten liefert ein paar Indizien dafür.

Raus! In den Sechzigern gab es nachmittags außer Klavierüben nur diesen einzigen Tagesordnungspunkt. Bei jedem Wetter: raus aus dem Blick- und Kontrollfeld der Eltern (obwohl sie doch sonst alles noch so autoritär im Griff hatten). Bis wir abends unter die Dusche kamen.

Dazwischen lag die Straße als planungs- und pädagogikfreie Zone. Denn dort lernten wir nicht mehr bloß von Eltern und Lehrern, sondern vor allem voneinander; dort unternahmen wir Erkundungen quer durch die Nachbargrundstücke und, verbotenerweise, darüber hinaus. Auch in unsere Möglichkeiten oder ins Scheitern, ob als Rollschuhrennstars in der Garageneinfahrt oder als Zirkusdirektoren und Lederhosen-Primaballerinen auf dem Wendeplatz. Mal als Anführerin, mal als Underdog. Wie aus der Zeit gefallen. Großer Schreck, wenn meine Mutter uns in die Realität zurückpfiff. Sie lebt noch dort, umgezogen in eine Wohnung, die gleich neben unserem früheren Haus liegt. Ich besuche sie ziemlich oft. Eine auf der Straße spielende Bande sehe ich so gut wie nie.

Wir waren ein ganzer Haufen: meine beiden Schwestern und ich und drei, manchmal fünf weitere Mädchen unterschiedlichen Alters. Außerdem gab es Henner, den »Unehelichen« (so wurde damals noch geflüstert), dem wir demütig das Kommando übergaben; der schulische Selbstbehauptungskurs für Mädchen war ja noch nicht erfunden. Unser Bestimmer brachte uns zum Beispiel das Fesseln bei. Wenn man mal eine Ewigkeit mit eingeschnürten Handgelenken am Marterpfahl – der alten Gaslaterne – auf den verschwundenen Rest des Stammes gewartet hat, weiß man, was Demütigung heißt. Bloß nicht heulen, wenn sie kamen, um einen zu befreien. Selbstüberwindung schrittweise aufbauen – und irgendwann habe ich den Helden mit einer schleimigen Nacktschnecke so lange bedroht, bis er wimmernd wegraste.

Und dann war da noch Frank. Gleich mehrmals hintereinander hetzte er uns dazu auf, dem Schuppen hinter Schröders Garten die jeweils frisch reparierten Fensterscheiben einzuwerfen. Wir kriegten auf diese Weise heraus, dass das vermeintlich verfallende Gebäude doch nicht leer stand, sondern ein Möbellager war. Dessen Besitzer kriegte auch was raus: die Adresse unserer Eltern. Drei Wochen Fernsehverbot. Und die Lektion: vielleicht doch nicht jedem Kerl hinterherlaufen …

Heute sagt unsere Nachbarin: »Ich würde meine beiden auch gerne zum Spielen auf die Straße schicken. Aber dort fehlen einfach die Freunde.«

Der demographische Wandel spiegelt sich auch im Noelleweg: Längst nicht mehr in jedem Haus wohnen Kinder. Dafür stieg die Zahl der Älteren, Kinderlosen und Alleinlebenden. Und es stiegen die Ansprüche, wie überall: die Einliegerwohnungen sind nicht mehr vermietet, das Haus, in dem wir zu sechst gewohnt haben, reicht heute für ein mittelaltes Ehepaar. Neben dem Wendeplatz, unserer Zirkusarena, ist zwar jüngst eine Familie mit der extraordinären Zahl von fünf Kindern eingezogen, und zwei davon besuchen auch ab und zu die zwei Sprösslinge unserer Nachbarin. Aber selten, nur auf Verabredung. Sonst bleiben die beiden unter sich. In ihrem Garten. Oder gleich drinnen. Vielleicht finden sie die, wie

Freizeitforscher das nennen, »Indoor-Alternativen« auch deshalb attraktiver, weil es auf der Straße kaum mehr Anregungen gibt?

Die angrenzenden Metall- und Kunststoffwerke, deren Geschepper und Gezische den Klanghintergrund unserer Nachmittage bildete, sind zwar noch nicht auf die »grüne Wiese« in irgendeinen »Industriepark« gezogen; selten genug, dass Kinder mitten in der Stadt Arbeit erleben können. »Achtung, Betr. verboten, Eltern haften für ihre Kinder«, steht auf einem blickdichten Holzzaun, was es schon für uns umso reizvoller machte, durch Gucklöcher den Männern in blauen Kitteln zwischen den kahlen Fabrikhallen beim Schleppen schwerer Aluminium- und Eisenteile zuzuschauen und uns ihre Flüche gut zu merken.

Oder wir beobachteten aus angemessener Entfernung, wer in der Noelleschen Villa ein- und ausging, das ist die zugleich verwunschene und majestätisch angrenzende Behausung eines Lüdenscheider Firmenpatriarchen aus dem 19. Jahrhundert. Heute geht das nicht mehr. Wir waren schon Gymnasiasten und heulten, als in die filigranen Erker und Türmchen lärmend die Abrissbirne fuhr. Der Arbeitgeberverband und das Arbeitsmedizinische Zentrum machten sich stattdessen breit mit einem spiegelglasbewehrten Zweckbau, der nach dem Deutschen Herbst Hanns-Martin-Schleyer-Haus getauft wurde.

Dafür brauchte es viel Platz, genauso wie für die Autos, die jetzt den Noelleweg beherrschen. Blühende Vorgärten wurden asphaltiert, in Rasenflächen wurden Buchten hineingestemmt, um einer raumgreifenden Garagenparade Platz zu schaffen. Für nicht mehr ein Fahrzeug pro Haus, sondern oft für zwei. Die kleine Ladenreihe auf dem Weg zur Innenstadt, in der wir Milch, Nipponblocks und V8-Gemüsesaft für Tante Jettchen kauften (was sie auch nicht unsterblich machte), wich einer riesigen Tunnelunterführung, ebenso wie der besagte Möbelschuppen und die ihn umgebenden Gärtchen. Die Kreuzung dieser Rennstrecke ist definitiv kinderuntauglich, der Noelleweg somit in Insellage. Auch dort sind alle Grundstückslücken geschlossen. »Versteppung kindlicher Lebenswelten« nennen das die Stadtplaner.

Der »Bauverdichtung« zum Opfer gefallen ist vor allem das himmelhohe Eichen- und Buchenwäldchen, ein Überrest des großen Noelleschen Parks voller Verstecke und geheimer Orte. Es gab dort Eichhörnchen, eines haben wir in geduldiger Annäherung gezähmt und dabei gelernt, wie aus hinreißenden Wesen bissige Monster werden. Aus einem Felsen hämmerten wir Gold und Diamanten, man konnte Abhänge stürmen und wieder und wieder herunterkullern.

Dass möglichst vielfältige Sinneserfahrungen die seelische und körperliche Entwicklung voranbringen, vermutlich auch die geistige, hatte die Hirnforschung zu der Zeit noch nicht im Detail belegt. Die Pädagogen aber wussten es schon immer, auch ohne komplizierte Analyse der Vorgänge in einzelnen Hirnarealen. »Ohne angestrengte Körpererfahrung kommt die Selbsterfahrung nicht voran«, so Friedrich Thiemann in seinem in den

Achtzigerjahren erschienenen Aufsatz über Kinder in den Städten.

Wenn diese Selbsterfahrung nicht mehr selbstverständlich und spontan vor der Haustür erlebt wird, muss sie von Müttern sorgfältig organisiert werden: »Man will die Kinder ja fördern«, sagt die Nachbarin und kutschiert sie andauernd zu irgendwelchen Gruppen. Zum Reiten, zur Gymnastik, zum Ballett.

Und auch Renate Künast strengt ihre Kampagne gegen Übergewicht nicht bloß an, um gegen zu viele Big Macs und Snickers vorzugehen. Die Kilos runden sich vor allem wegen des Mangels an Bewegung.

Gewiss sind Kindheitserinnerungen sentimental und der subjektiven Geschichtenklitterung verdächtig. Und klar kann man sagen: Früher war nicht alles besser, es war nur anders. Organisierter Sport ist auch eine soziale Erfahrung; die Terminkindheit bereitet auf das Terminleben der Erwachsenen vor; Stadtplaner haben sich gebessert, sie bauen doch jetzt hier und da Pfade und Schneisen zum Spielen. Kinder machen ohnehin aus allem was. Und das ganze Konzept der Kindheit als eigene Lebensphase ist ohnehin, historisch gesehen, nur ein kurzes Aufflackern in der Wohlstandswelt.

Aber ist die beschnittene Freiheit draußen nicht trotzdem ein Verlust? Von eigenen Erfahrungen, von einer Welt, in die Erwachsene keinen Einblick haben; einer Welt, »wild und gefährlich«?

Es gibt noch einen anderen Grund für den Rückzug der Kinder aus dem Straßenleben: die Ansprüche, die Mütter an sich selber richten. Ihre Angst, dass etwas passieren könnte, die immer größer geworden ist. Angst vor Unfällen; vor schlechtem Umgang; davor, »dass die Leute sich nicht an die Geschwindigkeitsbegrenzungen halten«, wie auch die Mutter im Noelleweg sagt. Und »dass die Kinder für diese Gefahr dann doch allzu unbeobachtet sind«.

Bei uns waren Herr und Frau Hillermann, die sich, auf Kissen gestützt, aus dem Fenster lehnten, permanente Zeugen des Straßengeschehens. Oder die perfekte Hausfrau Annemie schaute immer mal ihrem Arm hinterher, wenn sie den Putzlappen an der frischen Luft entstaubte. Die Schutzmauern und die Koniferen waren niedriger. Auch Erwachsene waren öfter draußen, in der Öffentlichkeit, mit allen angenehmen und unangenehmen Begleiterscheinungen der sozialen Kontrolle. Und sie kamen sofort hergesaust, wenn sie den klassischen Schrei hörten: »Iiiih – Blut!«

Weil wir mit den Stelzen auf den Lederhosenhintern gekippt waren. Mit dem Fußgelenk beim Völkerball umgeknickt. Vom Kirschbaum oder Turnreck runter in die Wiese geknallt, flach auf den Rücken, dass der Atem stehen blieb. Beim Balancieren am gusseisernen Treppengeländer ausgerutscht. Die Stufen bin ich, Lokalmeisterin im Ungeschick, einmal sogar treppauf hingeknallt. Oder meine Schwester raste mit dem Fahrrad volles Tempo in ein Kellerloch, weil wir vergessen hatten ihr zu zeigen, wie man bremst. Zeige deine Wunde …

Meist aber haben wir uns – ist dein Bluterguss schon grün? – ohne Hilfe der Erwachsenen der vergleichenden

Untersuchung unserer neuesten Blessuren gewidmet, ihrer Heilungsprozesse und Bepflasterung, wobei Eiter nur mit einer Krankenhausnaht zu toppen war. »Gefahr ist eben dabei«, ließ Erich Kästner den Straßenjungen Emil zu den Detektiven sagen, »und wer Angst hat, geht am besten schlafen.«

Während jetzt oft jedes nur denkbare Risiko vorweggenommen wird und auf manchen Spielplätzen nicht mal mehr Apfelbäume erlaubt sind (verfaulendes Fallobst könnte Wespen anziehen, die Kinder stechen könnten ...), zeigten unsere Eltern Gelassenheit. Sie fanden, dass, wer ab und zu auf der Nase liegt, lernt, wie man stürzt, ohne sich wehzutun. Und sie schickten uns »gefallene Mädchen« auch am nächsten Tag wieder: raus! Denn wie sagte John Wayne sonntags, wenn auch wir mal drinnen blieben, um Fernsehen zu schauen: »Leben, das heißt: Immer einmal mehr aufstehen als hinfallen.«

Oranienstraße 67 in Berlin

Mitten im Irrsinn

Von Iris Radisch

West-Berlin in den Sechzigerjahren. Eine Siedlung direkt an der Grenze zweier Staaten, die Mauer verlief gleich hinterm Haus. Wir Kinder fühlten uns trotzdem wohl.

Heute kommt es mir vor, als habe meine Kindheit in Schwarzweiß stattgefunden. Das kann an der Mauer gelegen haben. Das kann an den Bäumen gelegen haben, die nicht älter als ich selber und meine Kreuzberger Neubausiedlung waren. Das kann an der Oranienstraße liegen, die noch immer zu den grauesten der Stadt gehört, obwohl die Bäume inzwischen ihr Bestes getan haben, um die Sache ein wenig in Ordnung zu bringen. Am Ende der Fünfziger-, zu Beginn der Sechzigerjahre kamen wir alle, die Siedlung, die Bäume, die Mauer und ich, so ungefähr gleichzeitig auf die Welt. Und die Welt, das war für uns damals das äußerste Ende des alten Westens und die Mitte des jungen West-Berlin. Das Springer-Hochhaus stand nur ein paar Meter weiter. Die Mauer verlief gleich hinterm Haus.

In dieser heute sehr fernen Zeit waren die Leute noch stolz, aus den riesigen Altbauwohnungen hinaus und hinein in eine Wohnung mit Zentralheizung, Fahrstuhl und »Durchreiche« zu kommen. Eine Neubauwohnung hieß: keine Kohlen und keine Großmütter mehr, die in den Ecken der Berliner Durchgangszimmer auf babylonischen Blumenbänken Gummipflanzen hielten, keine Geschichten mehr über brennende und einstürzende Nachbarhäuser, keine Erinnerungen an die ersten Nachkriegswochen, die noch immer in den feuchten Kellern hingen. In der Oranienstraße war alles neu, Nullpunkt, platt gebombt und aus den Trümmern auferstanden: eine schöne SPD-Siedlung, eines der ersten großen Westberliner Wiederaufbauprojekte, mit Fahrstuhl, Zentralheizung und hellen, aufgeräumten Kellern für die ehemaligen Berliner BdM-Mädel und die jungen Flakhelfer, die sich und ihren Lebensmut aus dem Endkampf um Berlin hinübergerettet hatten, um aus dem Stand neben dem Wirtschaftswunder auch gleich den Babyboom aus dem – nennen wir es – Ärmel zu schütteln.

Und so kam es, dass es in der Oranienstraße auf jeder Etage Kinder gab. Ein Bullerbü des sozialen Wohnungsbaus. Die Papas waren in ihren Dreißigern und arbeiteten bei Jakobs Kaffee, bei der Allianz oder hatten wie meiner eine Zahnarztpraxis im »tiefsten« Kreuzberg, im finsteren »SO 36« (bei uns war immerhin noch aufstiegsorientiertes »61«, falls das heute noch jemandem etwas sagt), wo ihn alte Frauen statt mit Krankenscheinen mit Hühnereiern oder Äpfeln versorgten.

Die jungen Mamas waren alle zu Hause, dachten ganz im Geheimen, wenn sie müde vor ihren riesigen Frisierkommoden saßen, noch an ihre aufgegebenen Berufe und kochten in den winzigen Küchen ungeheuer komplizierte Mahlzeiten, die täglich in unendlich vielen Schüsseln und Schälchen durch die Durchreiche ins Esszimmer und wieder zurück transportiert werden mussten. So verging die Zeit. Neue schmalfüßige Möbel mussten gekauft, die Wäsche in der Badewanne gewaschen, die Unterwäsche gebügelt, die Kinderkleider von einer Schneiderin genäht, die Wohnung ohne Unterlass geputzt und gestaubsaugt, eine Sintflut von frischen Hand-, Taschen- und Tischtüchern in Reserve gehalten, im Schrank alles auf Kante gelegt werden. Unser Puppenheim am Todesstreifen sah zu jeder Tages- und Nachtzeit so aus, dass es einen nachbarschaftlichen Stubenappell tadelsfrei überstanden hätte. Abends saß man auf allen Etagen erschöpft von diesen übermenschlichen dekorativen Anstrengungen vor dem Schwarzweißfernseher. Zu Silvester trug man dabei kleine Papierhütchen auf dem Kopf. Soweit ich weiß, hat außer der Ehe meiner Eltern keine einzige der Ehen in unserem Haus dieses Leben überlebt.

Wir hatten es gut. Unsere Mütter verbrachten täglich sehr viel Zeit mit dem Aufbau ihrer helmartigen Hochsteckfrisuren und verschwendeten nicht viele Gedanken darauf, ob wir besser in einer Montessori-, einer Waldorf- oder sonstigen edelpädagogischen Einrichtung untergebracht wären. Vor dem Haus tobte der Verkehr über die Oranienstraße in Richtung Mariannenplatz und Checkpoint Charlie. Wir spielten hinten auf dem Hof. Dort standen ein Klettergerüst, ein kleines Haus für Mülltonnen und die Firmenwagen der Väter. Wir waren viele, wir nannten uns Andi, Daggi, Biggi, Jörgi, Michi oder Uli, konnten alle kaum Hochdeutsch, grölten, so laut wir konnten, Lieder aus der *West Side Story*, wollten alle zum Film und wurden in der Mittagszeit, wenn die Kriegerwitwen schliefen, von einem furchterregenden Blockwart ins Haus getrieben. *»I like to be in America. Ev'rything free in America!«*

Wir waren glücklich im Schatten der Mauer. Obwohl nicht alle von uns diese graue Freiheit überlebt haben, Michi von nebenan fuhr recht bald mit seinem Fahrrad unter einen Lastwagen, und Daggi hat sich in der Toilette über uns ein paar Jahre später einen Schuss zu viel gespritzt.

Aber bis dahin hatten wir ein abenteuerliches Leben mitten im Kalten Krieg. Runter vom Hof, über die kleine Stallmeisterstraße und rein in die Dornröschenhecke aus Brennnesseln und Gestrüpp, die die Mauer umgab. Gucken, ob man nicht ein Loch findet. Oder den Ausgang eines Tunnels. Denn dass die Gefangenen auf der anderen, der unheimlichen Seite der Welt Tunnels graben, womöglich mit bloßen Händen, um zu uns auf die gute Seite zu kriechen wie Maulwürfe, das hatten wir irgendwo gehört. Dies und viele andere dunkle Geschichten von Spionen, Überwachung und geheimnisvollen Bespitzelungen geisterten durch unsere Familie. Nie habe ich in meiner Kindheit West-Berlin öfter als einmal im Jahr und nie anders als mit dem Flugzeug verlassen. Die DDR nannten wir »drei doofe Russen«. Wir hatten abgründige

Vorstellungen von dem, was sich hinter dieser endlosen, unsere ganze Welt umspannenden Mauer verbarg, die wir genauso wenig überwinden konnten wie die Kinder auf der anderen Seite. Als irgendwann die ersten Trophäen der Ostpolitik in Gestalt von DDR-Rentnern in meiner Familie auftauchten und mit meiner Großmutter auf dem Sofa Kuchen aßen, als wär das gar nichts, konnte ich es nicht fassen, dass die Leute da drüben so aussahen wie wir. Wozu gab es denn dann die Mauer?

Erklären konnte uns das niemand. Die Mauer war da, war Natur. Als wir einmal in der Schule das obligate »schöne Erlebnis« aufs Papier tuschen sollten, tuschte ich eine silberne, endlose Wand, die in der Mitte ein riesiges Loch hatte, aus dem Menschen in allen Bonbonfarben meines Tuschkastens herausströmten, mit ausgebreiteten Armen. »Nie«, sagte mein Lehrer damals, »nie wird das stattfinden.« Als es dann so weit war und die Mauer entgegen der festen Überzeugung meines Lehrers über zwanzig Jahre später doch entzweibrach, bin ich in der Nacht des 9. November 1989 sofort in die Oranienstraße gefahren, zu meiner Mauer. Stand, nur wenige Meter von meinem Kindheitshaus entfernt, im Getümmel am Grenzübergang Moritzplatz, staunte und heulte. Starrte die vielen Trabbis und die erhitzten Gesichter an, die gar nicht so strahlten, wie meine Tuschzeichnung das eigentlich vorgesehen hatte. Wunderte mich über die Unerschrockenheit, mit der viele einfach fragten: »Wo geht's denn hier in den Westen?« Und ärgerte mich über meinen Freund, der den Leuten antwortete: »Der Westen? Den gibt es gar nicht!«

Das war eine verbreitete Auffassung. In West-Berlin wurde in meiner Schulzeit ein Fach eingerichtet, in dem alle West-Berliner Oberschüler unterrichtet wurden. Es hieß »Systemvergleich«, war ursprünglich dazu gedacht, uns die Überlegenheit des westlichen Systems in Einzelteilen vor Augen zu führen – der Westen ist schön, Berlin gehört zum Westen, Berlin ist schön –, mutierte aber in der Unterrichtspraxis der jungen FU-Abgänger zum Beweis des Gegenteils: Im Osten geht es gerecht zu, Berlin gehört zum Westen, eigentlich schade.

Unsere Lehrer erklärten uns die Vorteile einer kostenlosen Krankenversorgung und einer uneingeschränkten Kinderbetreuung, sie erörterten uns die Segnungen der Vollbeschäftigung und der Erwerbstätigkeit für Frauen. Sie verrechneten den sicheren Anspruch auf einen Arbeitsplatz in etwa mit den – na ja, ist alles noch in der Aufbauphase – nicht ganz so freien Wahlen und fuhren mit uns sogar rüber nach Ost-Berlin, wo uns ordensgeschmückte Herren in Uniform bei Limonade und trockenen Keksen das Gleiche freundlich noch einmal erklärten.

Diese Limonadenfahrten zum Feind gab es natürlich erst, als der Kalte Krieg sich, eingehüllt in einen Mantel aus Verträgen und Abkommen, schon ein wenig erwärmt hatte. Davon konnte in meiner Oranienstraßenzeit kurz nach dem Mauerbau noch keine Rede sein. Ganze Tage verträumte ich damals am Schlafzimmerfenster, das den Blick weit über den Todesstreifen frei gab und noch weiter bis zum Alexanderplatz, wo Stückchen für Stückchen ein silbergrauer Turm in den Himmel wuchs und schließlich mit einem grauen riesigen Luftballon gekrönt wurde. Daggi und ich besprachen die Details der einzelnen Bauphasen über unser Kindertelefon, dessen Drähte wir einfach von einem Stockwerk zum anderen durch die Fenster verlegt hatten. Das Merkwürdigste in jener Todesstreifen-Beobachtungszeit war für mich, dass irgendjemand auf der anderen Seite beinahe jeden Tag frische Wäsche zum Trocknen aufhing. Es gab also auch dort gebügelte Unterhosen und ein nie versiegendes Füllhorn frischer Tischtücher.

Ein beliebtes Freizeitvergnügen der Siedlungsbewohner in jenen fernen Sechzigerjahren war der Besuch der hölzernen Hochstände, die im Westen überall längs der Mauer aufgestellt waren. Am Sonntag kletterten wir mit unseren Eltern diese Hochstände hinauf und sahen »rüber«. Gucken, was hinterm Todesstreifen los ist. Natürlich war bei denen genauso wenig los wie bei uns. Im Grunde ist hier bis heute nichts los. Früher die verminte Stille, die Grenzschäferhunde, die ihre Runden drehten. Heute Pusteblumen, Baracken, vor denen polnische Bauarbeiter Geranien ziehen, alte Frauen, die unverständliche Ansprachen an ihre Dackel halten.

Wir wohnten im Zentrum des weltpolitischen Irrsinns und fühlten uns wohl. Das alte Berlin war noch da und wurde Tag für Tag kleiner. Wir waren das neue. Die alten Häuser mit ihren wund geschossenen Mauern und undichten Fenstern in unserer Nachbarschaft wurden eines nach dem anderen gesprengt. Wir streunten durch die verlassenen Ruinen und verfolgten am Abend vor der Sprengung den Weg, den die Zündschnur durch das Treppenhaus und die verwaisten Wohnungen nahm. Besichtigten alte Küchen und studierten die Tapetenschichten aus vielen Jahrzehnten. Und standen am nächsten Morgen dabei, wenn das Haus mit einem unwirklichen Seufzer in sich zusammensackte.

Es war noch immer Nachkrieg. Ich erinnere mich an die Männer ohne Beine, die im Rollstuhl durch die Siedlung rollten. Ich erinnere mich an alte Frauen mit großen Kopftüchern, die in den harten Wintern, die es damals noch gab, so leicht auf dem Eis ausrutschten, graue Bündel im Schnee. Ich erinnere mich daran, wie meine Mutter beim Einkaufen ihr großes Portemonnaie umklammerte, als glaubte sie noch nicht so recht an diesen Besitz. Ich erinnere mich an meine Großmutter, die in Berlin noch den Kaiser gesehen, den Bombenkrieg und die Russen erlitten, den Mann verloren, die Trümmer weggeräumt hatte, seit einem halben Jahrhundert in einer riesigen Altbauwohnung am Schloss Bellevue wohnte und als Einzige in der Familie die Courage hatte, uns Kinder gegen den mittäglichen Blockwart der sozialdemokratischen Berliner Wohnungsbaugesellschaft zu verteidigen.

Meine Großmutter, die in ihrem ganzen Leben nie beim Friseur war, nie eine Hose getragen hat oder in den Sommerurlaub gefahren ist, war das alte Berlin. Das alte Berlin war damals in Berlin noch in der Mehrzahl. Es war buchstäblich überall. Berlin war der Zeit hinterher. Wir kamen nicht mit. Als ich sehr viel später zum Studium nach »Westdeutschland« ging, wie es bei echten Berlinern noch immer heißt, hatte ich das Gefühl, als habe es mich ins Ausland verschlagen.

Die Siedlung, die das neue Berlin abgeben sollte und deswegen nach dem ehemaligen Regierenden Bürgermeister Otto Suhr benannt war, meine Schule, die den Namen irgendeiner anderen lokalen SPD-Größe trug, ja selbst SPD-Bürgermeister Klaus Schütz, der mit seinem »appen« Kriegerarm durch unsere Schulflure lief und uns die Hand und ich weiß nicht was noch, schütteln wollte, sie alle kamen gegen das alte Berlin einfach nicht an. Damals nicht. Es ist erst sehr viel später, in etwa zusammen mit meiner Großmutter und ganz von allein, gestorben.

So war das. Ich schreibe das alles rund vierzig Jahre später und komme mir dabei beinahe schon vor wie die alte Lotte Lenya, die den Bilbao-Song singt: »Ich weiß ja nicht, ob Ihnen so was gerad' gefällt, doch es war das Schönste, war das Schönste auf der Welt.« Das ist natürlich nicht wahr. Heute ist es, nüchtern betrachtet, in der Oranienstraße viel schöner. Die Bäume sind hochgewachsen, der Pappelsamen fliegt malerisch durch die Luft. Die taz hat sich ein paar Häuser weiter angesiedelt. Auf den Bänken vor den Siedlungshäusern sitzen Türkinnen mit großen Kopftüchern, die noch nie in ihrem Leben eine Hose getragen haben. Im Telecenter kann man für fünf Cent nach Polen telefonieren, innerhalb der Siedlung geht man in Hausschuhen von Haus zu Haus, und die Radfahrer, die zwischen Sale e Tabacchi und den Indern am Kottbusser Tor hin- und herfahren, sehen alle aus wie

Berliner Kultursenatoren. Die Oranienstraße ist eines der wenigen Dinge in Deutschland, um die man sich keine Sorgen machen muss.

Venner Straße 335 in Mönchengladbach

Netzers Nachbarn

Von Christof Siemes

Mönchengladbach in den Siebzigern: Die kleine Großstadt lebte vom Ruhm ihrer Borussia, und jeder Junge war ein angehender Superstar. Heute krebst der heimische Fußball so dahin – und die Stadt irgendwie auch.

Es war einmal eine Straßenfußballerstraße in 4050 Mönchengladbach. Der Garagenhof der Reihenhauszeile schräg gegenüber war der ideale Platz: leicht geneigt (das erforderte perfekte Ballkontrolle, sonst rollte die Pille ins Aus) und mit diesen Steinen in Hundeknochenform gepflastert (das machte die Blutgrätsche unmöglich). Wir spielten mit Bällen jeder Größe, Form, Farbe und waren, immer gleich live mitkommentiert, Kleff, Netzer, Heynckes, »unglaublich, wie er sich am linken Flügel gegen fünf Gegenspieler durchsetzt …«.

Und doch hat keiner aus der Venner Straße zur Rettung des deutschen Fußballs beigetragen. Fehlte es uns an den deutschen Tugenden, der Härte, der Disziplin? Nein, unsere ärgsten Feinde waren nie der innere Schweinehund oder die äußere Beschaffenheit des Platzes, sondern – unsere Nachbarn. Die Garagenbesitzer, gegen deren braune Metalltore wir den Ball hämmerten, bis sie entnervt Schonung forderten. Und dann war da noch die Dame, die wir altersmilde Frau S. nennen wollen.

Man hätte sie für unseren größten Fan halten können, wie sie Nachmittag für Nachmittag hinter den stocksteifen Gardinen im Erdgeschoss das Spiel beäugte. Doch sie bewachte nur ihren Vorgarten. Zwei mal fünf Meter zu Tode onduliertes Grünzeug, in den bläulich schimmernden Nadelhölzern hatte sie ihrer eigenen Samstag-ist-Friseurtag-Frisur ein Denkmal gesetzt. Schlug das Spielgerät auf ihrem Grund und Boden ein, war die Partie zu Ende. Unser Ball wurde konfisziert oder wir derart zur Rede gestellt, dass keiner mehr einen Schuss wagte. Nur unser Dachdecker, Herr Fliege, nahm den Zweikampf mit ihr auf. Zur Reparatur unseres Garagendaches hatte er einen Fuß auf ihres stellen müssen, was sie in Harnisch brachte. Er aber blieb furchtlos. »Jank rin, du Kroan«, pfiff er sie an. Verschreckt flatterte die Nachbarskrähe davon; für dieses eine Mal war der Sieg über des deutschen Spießers Ordnungswahn unser.

Frau S. ist lange tot, und der Mönchengladbacher Fußball krebst so dahin, immer abstiegsgefährdet. Dabei war er meine Jugend und ist immer noch das Selbstbewusstseinselixier dieser Stadt, die so ziemlich alles verloren hat, ihre alte Substanz im Krieg, ihre Textilindustrie in den Jahrzehnten danach, schließlich sogar einen Großteil der Soldaten aus dem nahen Headquarter der britischen Armee, weil die ganze Welt eine andere geworden ist. Wie ja auch kein Spieler der Borussia mehr als »möblierter Herr« in der Venner Straße wohnt wie damals Henning

Jensen, der legendäre dänische Mittelstürmer, hundertfünfundzwanzig Spiele, vierundvierzig Tore, zweimal Meister, einmal Pokalsieger, oben unterm Dach in Haus Nummer 230. Oder war es 232? Sieht eh eins aus wie das andere, die Klinker blassgelb wie zu dünne Limonade, dunkelbraune Fensterrahmen und Türen, dazu die obligatorischen Glasbausteine. Auch Uli Stielike lebte zur Untermiete, in einem der Reihenhäuser gegenüber, an unserem Platz sozusagen, er hätte uns entdecken können zwischen einem seiner zweiundvierzig Länderspiele, aber dann ging er ja nach Madrid, zu Real. Jetzt trägt er wieder Sakkos, die zu unserer Straße passen, so weit hat er es gebracht. Nur Jupp Heynckes konnte sich schon damals einen Bungalow leisten, umraunt, bestaunt, östlich der Venner Straße, in Windberg. Jetzt, Jahrzehnte später, Jahre nach seinem Sieg mit Madrid in der Champions League und dem Ende auf Schalke, hat er sich außerhalb von Gladbach einen Bauernhof zugelegt und ihn zur Finca aufrüsten lassen. Don Jupp spielt Spanien am Niederrhein.

Mit dem Fahrrad klapperten wir sie ab, die Idole ereignisloser Tage in einer Großstadt, die doch immer Provinz geblieben ist. Die Haushälterinnen reichten wortlos Autogrammkarten heraus; mit dem Verkauf von Günter Netzer in Schwarzweiß verdiente ich in der katholischen Grundschule mein erstes eigenes Geld. Beim Sankt-Martins-Singen waren die Fußballer erste Adressen, statt »Hier regiert der VfL« sangen wir »Ich gehe mit meiner Laterne« in die Gegensprechanlagen, die aber stets stumm blieben. Vielleicht verdienten die Profis damals noch nicht genug, um zur Nettigkeit gegenüber den Fans verpflichtet zu sein. Noch heute erinnere ich mich an die Aufsicht auf Hacki Wimmers Haarkranz, als er sich nach dem Training mürrisch über mein *Kicker*-Mannschaftsposter beugte und es mit seinem Autogramm perforierte.

Fast alles war Fußball damals, da war man als Gladbacher und Mitglied des Massenjahrgangs 1964 immerhin wer: Generation Borussia, fünfmal Meister zwischen 70 und 77. Mein Vater, der Torwart gewesen war, meldete mich zwar nie in einem Verein an, hatte aber eine Dauerkarte, Haupttribüne am Bökelberg, dem alten Stadion, wie man jetzt sagen muss, seit es die neue Schüssel gibt im Borussiapark. Jeden zweiten Samstag fuhren wir die Venner Straße mit dem Auto hinauf, parkten kilometerweit vor dem Stadion und gingen den Rest des Weges zu Fuß. Ich bewunderte die Verwegenen, die eine Viertelstunde vor Anpfiff ihr Auto irgendwo an einen Vorgarten in Stadionnähe quetschten, aber mein Vater ließ nicht mit sich reden. »Hinterher sind wir viel schneller und zur Sportschau wieder zu Hause.«

Niemand dachte daran, den stürmischen Stil der Borussia mit den Ereignissen von 1968 in Beziehung zu setzen, das haben sich Jahrzehnte später Eierköppe von auswärts ausgedacht. Studenten? Revolte?? Hier regierte und regiert ohn' Unterlass die CDU, und als Joseph Beuys bei der Eröffnung des Museums Abteiberg eine Plastikgabel in ein Einmachglas voller Gips steckte, sagten wir alle unisono: Das soll Kunst sein? Das können wir doch auch!

Wenn Konformismus je Stadt geworden ist, dann hier. Und die zweieinhalb Kilometer Venner Straße sind die Tangente daran.

Eigentlich ist meine Straße die Verbindung zwischen den westlichen Stadtteilen Windberg und Venn. Am Anfang die Alte Ulme, eine Gastwirtschaft, die Ende der Achtzigerjahre, als der namensgebende Baum schon lange abgestorben war, die größtmögliche Annäherung an eine Kultkneipe darstellte, die in dieser Stadt möglich ist. Dann, nach der Kreuzung mit dem scharfen Knick, an dem man nie wusste, wer eigentlich Vorfahrt hatte, die eingleisige Bahnstrecke nach Nirgendwo (ich weiß bis heute nicht, wohin). Und dahinter schon die ersten Äcker – Rüben, Kartoffeln, Weizen. Wie viele Male habe ich mich mit dem Rad auf dem Rückweg vom Gymnasium in der Stadt die paar Höhenmeter zum Windberg hinaufgequält, bis ich jeden Grasbüschel beim Vornamen kannte? Jahrhundertelang stand hier eine Windmühle, was ich nie gewusst hätte, wenn sie nicht vor kurzem so ein den Lokalpatriotismus beförderndes Schild aufgestellt hätten: eine Kastenmühle, abgebrannt am 1. Oktober 1890, die brennenden Mehlvorräte »überschütteten die anliegenden Felder mit Feuerregen«.

So was Aufregendes habe ich in meiner Straße nie erlebt. Wir brachten es nur zu pubertären Silvesterspielchen, Bubenziehen im Hobbykeller. Vor abgeflämmter Fichtenbretterwandverkleidung tranken wir Schnaps und beschimpften im Suff unseren Physiklehrer am Telefon. Um Mitternacht machte einer unserer Chinaböller eine hübsche Delle ins Dach von Frau Rautenbergs Auto. Sie wollte keine Reparatur, sondern dass wir ans Rote Kreuz spenden, Venn ist fromm, katholisch, immer gewesen, in der Mitte die Kirche und der Gasthof Loers, in dem der Venner die Wegmarken seines Lebens feiert: Taufe, Kommunion, Hochzeit, und zu guter Letzt guckt er seinem eigenen, rheinischen Beerdigungskaffee von oben zu, bei dem Rosinenweißbrot mit Käse gereicht wird. Wir haben dann doch nicht gespendet. Mit gemischten Gefühlen betrachtete ich jahrelang die Vogeltränke im Dach des dumpfgrünen Toyota Corolla, Überbleibsel des größten Aufruhrs, zu dem ich es hier, im tiefsten Westen der alten Bundesrepublik, gebracht habe.

Unbeschwert war meine Kindheit, wie man so sagt, wenn man letztlich ereignislos meint, geschichtslos (die Kriegsjahre meines Vaters ein Bündel Anekdoten, über das er bis heute nicht mit sich streiten lässt), geschichtenlos (abgesehen von ein paar Bandenkämpfen draußen an der Landwehr und dem Pornoheft, das wir an der Autobahnunterführung fanden). Stille Tage in einer Übergangszone zwischen Stadt und Feld. Das Elternhaus meiner Mutter am Ende der Venner Straße ist ein niederrheinischer Vierkanthof aus dem letzten Drittel des 18. Jahrhunderts. In einem Pappkarton bewahren meine Eltern die ältesten Unterlagen auf, auch die stockfleckige Urkunde mit dem »Kaufcontract« von 1827, als der Hof zur Familie kam. Heute hält man so ein Haus für einen Schatz, stellt es unter Schutz und macht aus der Scheune einen *living room* für *Schöner Wohnen*. Für meine

Mutter war und blieb es eine »aale Bölt«, eine alte Bude. Sie wohnte mit ihrem Mann, meiner Schwester und mir lieber irgendwo zur Miete. Und als es dann was Eigenes sein konnte und sollte, fand sich niemand, der für die Renovierung des Hofes Venn 63 auch nur Pläne gemacht hätte. So viel dazu, dass früher alles besser gewesen sei.

Also bauten wir neu, keine zweihundert Meter entfernt, an der Stelle des alten Dorfteiches, wie man beim Ausschachten feststellte. »Am 8. 6. 66 setzten wir den ersten Stein«, sagt mein Vater heute noch stolz und wie auf Knopfdruck. Wir waren so ziemlich die ersten in einer langen Reihe von Bauherren, die das verträumte »Gartenland«, wie es im Grundbuch hieß, in die Ordnung der aufstrebenden Kleinfamilien zwangen. Ein paar Jahre hatte unser Haus eine offene Flanke, da war der Durchgang zu Frau Karthaus, die in einer weiteren aal Bölt hinter unserem Garten wohnte, dann kam die Obstwiese der Reils. Doch längst ist uns ein gesichtsloser Block mit Eigentumswohnungen auf die Pelle gerückt, mein lange frei stehendes Elternhaus schrumpfte zur Doppelhaushälfte. Unvorstellbar, dass ich für diesen unspektakulären Besitz einmal Prügel bezog: Ein Junge aus dem Beltinghovener Feld, einem Vorläufer dessen, was man heute sozialen Brennpunkt nennt, schlich vor dem Haus auf und ab. Als ich ihn argwöhnisch beäugte, ging er zum Angriff über.

»Was glotzt du so blöd?«

»Ich wohne hier.«

»In dem ganzen Haus?«

»Ja.«

»Du sollst mich nicht anlügen.«

Dann schlug er zu. Mehr Klassenkampf erlebte ich nie mehr im Stadtrandidyll; zurück blieb eine vage Ahnung von der ungleichen Verteilung der Güter.

Inzwischen muss es vielen besser gehen. Jedenfalls ist beinahe jede Venner Baulücke geschlossen, selbst dort, wo man keine mehr vermutet hätte, auf der Wiese vom Scharütefejer, vom Schornsteinfeger Meusen, wo Kühe direkt an meiner Straße weideten, oder im Garten vom alten Bauern Bihn, wo wir heimlich Pfingstrosen pflückten, obwohl man uns gesagt hatte: »Der schläscht eusch platt.« Liest man nicht allenthalben, die Deutschen stürben aus? Vorher machen sie sich, hierin immerhin noch bibelfest, das Land untertan.

In meiner Kindheit waren wir darin Spitze, hundertelf Hektar oder hundertvierunddreißigeinhalb Fußballplätze wurden in Deutschland zwischen 1965 und 1970 versiegelt – täglich. Heute sind es immer noch fast hundertdreizehn (Fußballplätze), und meine Straße scheint mir nach wie vor vorne mit dabei zu sein. Der jüngste Streich ist das große Neubaugebiet von uns aus in Richtung Nordosten. Da tost zwar das Autobahnkreuz Mönchengladbach-West, aber wo unser Hund unermüdlich auf Hasenjagd durch die Rüben raste, war noch genug Platz für die Bausparerträume vom Reißbrett, die unseren eigenen folgten, die Villen im »Landhausstil«, deren glasierte Dachziegel auch unter strahlendem Sommerhimmel regennass und proper tun, jene uniforme Individualität, die entsteht, wenn ein Investor etwas »entwickelt«. Wenigstens hat er nicht nur sich, sondern auch die Bauern reich gemacht, die das Land verkauften und ausgesiedelt wurden.

Wir haben unseren Teil zum unvermeidlichen Ausverkauf schon vorher geleistet. 1972 trennten wir uns von Opas Schrebergarten gegenüber dem alten Haus. Eine Zeit lang spendete der Süßkirschenbaum, der meine frühe Kindheit überwölbt hatte, auch dem protzigen Neubau der Vischers noch Schatten. Dann ereilte ihn das gleiche ziergärtnerische Schicksal wie schon vorher Großvaters Gemüsebeete. Wer wollte noch über den Möhren buckeln, wenn er sie sich aus dem Supermarkt leisten konnte? Mein Opa hatte sich Rücken und Finger krumm gearbeitet als Kernmacher in einer Gießerei, einmal war ihm sogar glühendes Eisen in den Schuh gelaufen. Später, nach seinem Tod, als ich solidarisch mit Nicaragua und El Salvador wurde, habe ich ihn, den wortkargen, ausgemergelten Mann, zu einer Art linkem Vorbild stilisiert, weil er mal in der Gewerkschaft war. In Wahrheit war er wohl einfach nur froh, in der Einliegerwohnung unseres neuen Hauses endlich seine Ruhe zu haben.

Die Straßenfußballerstraße war einmal. Heute ist dafür kein Platz mehr, dicht an dicht stehen die Zweit- und Drittwagen, rege ist der Parkplatzsuchverkehr. Und erst jetzt frage ich mich, was es wohl bedeuten mag, dass meine Straße seit Anfang der Siebziger, als sie von der Autobahn nach Holland einfach abgeschnitten wurde, eine Sackgasse ist.

Herrenstraße in Wangen

Beruhigte Zone

Von Christian Schüle

Das Allgäu der Achtzigerjahre:
eine Welt, in der alle Kinderwünsche erfüllt waren.

Ich komme aus der Gasse. Alle Wege, die für meine Jugend (also für mein Leben) Bedeutung hatten, waren Gassen. Sie heißen noch heute Gassen, und noch heute sehen sie so aus. Denn dort, wo ich herkomme, liegt Kopfsteinpflaster unter den Füßen, und die Häuserfassaden (unterm Dach glotzen die Wasserspeier hervor) erzählen in prächtigen Fresken das Leben einer einst freien deutschen Reichsstadt, als hätte sie noch heute Grund, stolz auf ihre Geschichte zu sein. Angeblich ist ja keine Stadt in Süddeutschland so schön und aufwändig restauriert (gleichsam veredelt) wie der Luftkurort Wangen kurz vorm Bodensee, dessen charmanter Kleinstadtboulevard (so könnte man die Hauptgasse der Altstadt nennen) von drei Toren beschützt wird, von drei Brunnen bewacht und vom Einzelhandel der vorglobalisierten Republik beherrscht.

Mein rotes Fahrrad (es war hellrot und Mitte der Achtzigerjahre todschick, wie damals so vieles schick war, was einen heute fast verzweifeln lässt, Hawaiihemden, Modern Talking oder Don-Johnson-Frisuren) trug mich durch die Gassen der baden-württembergischen Idylle, in der wir, wie lebenshungrige Vögelchen im wohlständig gewordenen Mittelschichtsbürgertum nistend, fernab von den Zumutungen des Kalten Krieges und dem geliehenen Kredit der geistig-moralischen Wende, gebettet auf ewige Zuversicht und Generationenvertrag, aufwachsen durften, in unserem Reihenhaus (das den Reihenhäusern der Freunde, dem des Klavierlehrers glich).

Am Ende stand das hellrote Fahrrad mit dem kleinen Halogenscheinwerfer immer am Brunnen in der Herrenstraße, dem Eiscafé Capri gegenüber, wo wir uns eine Kugel Haselnuss für zwanzig Pfennig kauften (wie oft bekam ich eine geschenkt und verliebte mich dabei aufs neue in die venushafte Schwiegertochter des Besitzers) und wo wir mit Franco, dem italodeutsch feixenden Kellner, unsere Faxen machten (Franco, der, wenn er vor dem Eingang saß und den Melancholiker gab, vom Leben verraten zu sein schien, obwohl er doch, wie man in Wangen sagte, ein Edelitaliener war).

Ich komme aus der Fußgängerzone. In der Fußgängerzone bin ich groß geworden, in Wangen heißt sie Herrenstraße. Die Fußgängerzone ist das Herz der deutschen Kleinstadt, dort spielen sich Verhängnis und Glück des jungen Herzens ab, Sehnsüchte und Träume, Hoffnungen und Enttäuschungen, dort traf man die Kumpels und Kumpelinnen, dort fanden sich die Cliquen an je ihrem Brunnen ein, dort ging man einkaufen.

In der Fußgängerzone zu sein war unbedrohlich, weil es allen gut ging und der soziale Friede sozialer Kontrolle unterlag; weil außerdem die Herrenstraße für den Autoverkehr gesperrt war (und noch immer ist), und allzu respektlose Radfahrer bekamen das angewandte Sittengesetz keifender Witwen zu spüren (die aufs Heil früherer Zucht und Ordnung verwiesen). Selbst die Grünen, die auch in Wangen gegen Atomkraft und Nachrüstung kämpften, hatten ausgesprochen entspannte Züge um den Mund, denn die Luft in Schwaben ist gut und jodhaltig und voller Schwalben-Sinfonien.

Nach dem letzten Gong um zehn vor eins jagte ich mit dem hellroten Fahrrad vom »Gymi«, aus der Jahnstraße kommend, über die Klosterbergstraße rechts Am Metzigbach entlang (wo die große Stadtvilla der Sozialstation steht, bei der ich später den Zivildienst geleistet habe) über den Saumarkt in die Herrenstraße hinauf, an deren Anfang der seit 1505 berühmte Fidelisbäck mit dem besten Leberkäse und den besten Brezln der westlichen Hemisphäre seine bierbankhölzerne Klause hat, rauschte weiter auf den Kleinstadtboulevard, auf dem sich alle Schichten zum Volk verdichteten und man die höherklassigen Schulkameraden provozieren konnte, die in absurder Coolness eine Selbstgedrehte nach der anderen rauchten. Es war undenkbar, dass hier zur Mittagszeit die örtlichen Honoratioren, die wie die weißhaarigen Brüder Rupp zwischen ihren Leder- und Spielwarengeschäften hin- und hergingen oder wie die rothaarige Buchhändlerin übers Kopfsteinpflaster stöckelten, einmal nicht vorbeikamen (ich spreche vom Sommer und blende die anderen Jahreszeiten aus, denn im Süden ist der Sommer maßgeblich, und der Winter ist ein weißes Warten). Und irgendwann flanierte ganz sicher unser Oberbürgermeister Leist grüßend und händeschüttelnd vom Rathaus aus die Herrenstraße in Richtung Capri entlang, ein gut aussehender Mann, damals Anfang fünfzig, der unser Leben im Kleinen (Blumenkastenverordnung, Fassadenrenovierung) so bestimmte, wie Helmut Kohl es im Großen tat.

Ich komme aus dem Wohlstand. Wir Kinder der Unübersichtlichkeit wurden in eine Wunschverhinderungskultur hineingeboren, in der keine Wünsche mehr ausgebracht werden konnten, weil alle bereits erfüllt waren. Wo wir auch hinkamen, der Markt war schon da, und es gab immer ein begehrenswertes Produkt, das einem die Eltern kaufen konnten. Wer geboren wird in eine Welt, in der alles Bestand hat, fragt nicht danach, was Bestand hat. Er kennt nicht das Gefühl der Entbehrung, das zugleich eines der Sehnsucht ist.

Unsere Sehnsuchtslosigkeit war verstörend; wir wurden ja von niemandem aufgefordert, uns nach Besserem zu sehnen oder etwas für die Gesellschaft Relevantes zu leisten (zumindest erinnere ich mich daran nicht); wir wuchsen auf im Glauben, wir müssten das Vorhandene nur verwalten. Dass man es in eigener Regie *gestalten* muss, ist eine verblüffende Lektion, die wir dieser Tage lernen, weil sie uns, den ersten arbeitslosen Akademikern mit gebrochenen Biographien, niemand beigebracht hat.

Die offene Gesellschaft (die meiner Straße also) war so offen, dass man sich in ihr verirren konnte, so demokratisch, dass man kein Gespür für Demokratie ausbildete, so pluralisiert, dass man vor lauter Selbstfindungsmöglichkeiten erschöpft war. Aufzubegehren brauchte man nicht (wogegen und wofür?), und dem Klammergriff der doppelten Schuld (Erbsünde und Erbe der Schoah) entkamen wir durch die Gnade der postmodernen Identität, für deren Collage wir nur annahmen, was uns nehmenswert erschien.

Heiter war das, gelassen, wenn ich morgens vom Waltersbühl, wo wir wohnten, ohne Wissen meiner Eltern mit dem Fahrrad in die Herrenstraße peste, links am Capri vorbei in die Zunfthausgasse bog und dann rechts in die neckische Knöpflegasse, wo meine erste Liebe im ersten Stock eines schiefen, mit der alten Stadtmauer verschmolzenen Fachwerkhauses ihr Zimmer hatte (ein argwöhnisch genicktes Grüß Gott der Witwe auf der Bank vor dem Nachbarhaus, eine Szene, die wie ein Stillleben zum Inventar meiner Erinnerung geworden ist).

Ich stand wie Romeo unterm Fenster und wartete, dass die Schöne ihren Kopf mit den schwarzen Locken aus dem Fenster halten würde. Und dann erschien sie dort mit einer strahlenden Ungezwungenheit, die nur Vierzehnjährige haben können, um Sekunden später die Treppe hinabzuspringen, und wir holten uns in der Konditorei Hölz hinter dem zweiten Brunnen mit der Mariensäule aus blaugrünem Maulbronner Sandstein einen Bienenstich und flanierten turteltäubchenhaft durch die

Fußgängerzone in die Jahnstraße. Fast regelmäßig trafen wir fünf Minuten zu spät zum Unterricht ein …

Peppi Nussbaumer gibt es nicht mehr. Wenn man von der Herrenstraße beim Eisenwarenladen Thiermann (wo man, was es nie wieder geben wird, jede Schraube einzeln kaufen konnte) rechts in die Schmiedstraße einbog (heute ist Thiermann insolvent und in den riesigen Räumen ist natürlich eine Apotheke untergebracht), kam links das nach den Fünfzigerjahren miefende Schreibwarenfachgeschäft Nussbaumer, und Peppi, der alte, drahtige, behornbrillte Mann, hatte jeden Tag seine Holzschnitzarbeiten aufs Trottoir gestellt, Marienfiguren mit und ohne Jesuskindlein. Die schnappten wir uns und versteckten sie in den Hauseingängen der Braugasse, dass der Alte fluchend hinter uns herrannte (»Pack, elendes!«). Doch mein rotes Fahrrad war, bis auf einmal, immer schneller als Peppi Nussbaumer und parkte anschließend vor dem Brunnen am Capri neben den verdellten Vespas kiffender Schluffis.

Peppi Nussbaumer gibt es nicht mehr, und mit ihm scheint auch die alte Republik aussortiert und die Originale einer (jedenfalls unter Aufsicht der katholischen Pfarrei St. Martin) ethisch intakten Epoche. Es ist bitter zu sehen, dass heute der gleiche Ramsch in meiner Stadt Einzug gehalten hat, der überall in Deutschland die Städte entseelt, traditionslose Schuhdiscounter und voll gestellte Billigkettenfilialen (Geschenkartikel, Unterwäsche, Haushaltswaren), die, dachte ich bis gestern, im württembergischen Kleinstadtbürgertum keine Kundschaft finden würden, weil solche Läden keinen Namen haben und der Name, der Leumund, in kleinstadtbürgerlichen Kreisen das wichtigste Pfund ist. Diese Billigshops müssten eigentlich eingehen wie eine ungepflegte Primel, dachte ich lange, denn in Wangen hielt man es sich stets zugute, vom Schicksal privilegiert zu sein, verwöhnt von den Segnungen, die der selbstgenügsame Konservatismus eines eingesessenen Mittelstandes hervorbringt (Boutiquen, Schuhläden, Autohäuser), und gewöhnt an die Aufmerksamkeit der großen weiten Welt für die Nierensteinzertrümmerer von Waldner, die Skier von Sohler und Edelstahltanks von Bolz.

Wangen war doch immer ein feines Paradies christlich-demokratischer Glückseligkeit, gelegen an der Grenze zu Bayern, aber eben württembergisch gelassen und zünftig, schützen- und weinfestselig, schon früh Caffè-Latte-freudig und auf charmante Art unbedarft. So ist es eigentlich noch heute, da man dieselben, schütter oder schon grau gewordenen Männer mit schwäbischen Wohlstandswänsten durch die Herrenstraße radeln sieht, mit derselben Kleinstadtgemächlichkeit wie vor zwanzig Jahren, als das Leben noch berechenbar war und der Sozialstaat ein treuer Partner. Da auch dieselben hübschen Mädels (die heute Töchter der hübschen Mädels von einst sind) am Capri vorbeigehen, dieselben pausbäckigen Jungs (pausbäckiger Väter) in würdigen Autos sitzen. Da die Arzttöchter von einst, kleine Zicken, in Blazer und Bluejeans umhergehen und die umtriebigen Sportkameraden, die nun wenig taillierte Anzüge und Bankangestelltenkrawatten tragen, und die freiwillig Daheim- und unfreiwillig Hängengebliebenen, die nur einmal rauskamen, als sie zum Bund nach Schwäbisch Gmünd oder nach Stetten gingen, dann zurückkehrten, eine Lehre machten, jetzt im weißen Ford des örtlichen Elektroinstallateurs umherfahren oder hinter der Fleischereitheke des väterlichen und großväterlichen Betriebes stehen.

Die Herrschaftsstrukturen des Kleinstadtbürgertums sind nach wie vor gesellschaftsprägend. Die Familien Sigerist (Negligés, Tischdecken), Mayer (Lederwaren, Strohhüte), Carl Kehrer jr. (Uhren, Schmuck), Werdich (Schuhwerk, Taschen), sie alle haben ihre Läden in der Herrenstraße. Und wenn man wieder auf dem Sims des Adler-Brunnentrogs sitzt, kann es geschehen, dass dem heimgekehrten Sohn ein unverhofftes »Grüß Gottle« zugeworfen wird, während sich der Vater eines entfernten Klassenkameraden daneben platziert (»Ha, was machsch au du?«), was noch immer eine Art ist, die sich wohltuend abhebt vom verbissenen, depressiven deutschen Großstadtbürger.

Das Capri, wo wir Jubiläumsbecher mit Waldbeeren und Joghurteis aßen und mit sechzehn den ersten Cappuccino tranken, hat sich in zwanzig Jahren nicht verändert. Noch immer ist Dienstag Ruhetag (während der globale Markt schlaflos tobt). Am Capri krochen mit zwanzig Stundenkilometern die tiefer gelegten oder heckscheibenverdunkelten Golfs und Opel vorbei, deren Fahrer den linken Arm aus dem Fenster baumeln ließen, ehe sie, sobald sie die Blumenkästen passiert hatten, aufs

Gas stiegen und die knapp fünfzig Meter bis zum Frauentor derart draufhielten, dass wir, das Wasser des Brunnens bei aufgedrücktem Finger in alle Himmelsrichtungen spritzend, gespannt darauf warteten, dass einer gegen die Wand rauschen oder einen Radfahrer umnieten würde (was, meiner Erinnerung nach, niemals vorgekommen ist). Heute baumeln Arme aus hochgetunten Fiat Puntos oder Z3-Cabrios (die Hypostasierung des Sexualtriebs im Auto, eine sehr deutsche Neurose).

Da steht man also in »seiner« Straße, am Brunnen mit dem Adler, sieht auf das frisch geweißelte Frauentor, das das Abbild des Kaisers Friedrich II., des Stadtgründers, trägt, und hört spätsommerliches Donnergrollen, und dann kommen auch schon die ersten Tropfen, man riecht die Geschichte (die spätgotische und die eigene) aus dem benässten Kopfsteinpflaster heraus und sucht Schutz unter der Markise beim Capri. Und man sieht sich, zwanzig Jahre jünger, am Brunnen stehen, als eines dieser herrlichen Sommergewitter aufzog und dicke Platzregentropfen auf den nackten, haarlosen Oberkörper prasselten, sodass man in die Knöpflegasse flüchtete, um sich bei seiner Nadja ein trockenes T-Shirt zu holen. Da steckte sie ihren Kopf aus dem Fenster und sagte, sie habe sich verliebt, und ich erinnere mich an die Freude über das abermalige Geständnis, und dann sah ich, wie hinter ihr mein Nachfolger stand, ihren Kopf küsste und grinste.

Zum ersten Mal in meinem Leben entdecke ich jetzt auf dem Weg von der Knöpflegasse zur Herrenstraße eine alte Metalltafel am Eingang der Blauen Traube (wie oft war ich dort vorbeigegangen und hatte vor jugendlichem Leichtsinn nichts anderes wahrgenommen als das Klappern meines Schutzblechs auf dem Kopfsteinpflaster). *Die Blaue Traube*, berichtet die Tafel, *ist seit 1859 das Stammlokal der Bruderschaft Zum guten Tod. Versammlung alle Jahre um sechse am Aschermittwoch.*

Zum guten Tod – welches Erbe des schwäbischen Optimismus! Wo Maisfelder waren, stehen jetzt Einfamilienhäuser. Die Urbanisierung hat unsere Idylle platt gewalzt, der einst ungehinderte Blick in die Alpen zerschellt an immer neuen Spitzdächern. Am meisten aber verstört, dass ich an den Straßenrändern meiner Stadt, nicht weit vom Haus meiner Mutter, jetzt Transparente lesen muss: »Arbeitsplätze statt Profitgier.« Protest im Paradies. Wangen ist in der Wirklichkeit angekommen. Keine Flucht mehr möglich, nirgendwohin.

Wilhelmstraße 44 in Duisburg-Homberg

Auf der sicheren Seite

Von Michael Allmaier

Die Siebziger am Niederrhein:
Angst vor Sittenstrolchen, Rauschgift und Rasterfahndung.

Die Wilhelmstraße misst neunhundertzwanzig Meter von Haus Nummer 1 bis Haus Nummer 160. Sie hat mehrere Geschäfte und Arztpraxen, außerdem zwei Schulen, den Spielplatz im Lutherpark und den Bürgermeister-Wendel-Platz, wo jeden Sommer die Kirmesleute ihre Karussells aufbauen. Es war keine vornehme Straße, in der ich aufwuchs; aber sie hatte etwas zu bieten: Bis Ende der Siebziger der Edeka in Nummer 8 pleite ging, waren wir hier autark. Noch heute frage ich mich, was Menschen in reinen Wohnvierteln den ganzen Tag tun.

Die Wilhelmstraße kreuzt die Augustastraße, die Saarstraße, Bergstraße, Roonstraße, Lauerstraße, Margarethenstraße und Friedhofsallee. Das kann ich noch heute so leicht dahersagen wie das Alphabet und die Planeten des Sonnensystems und was man als Kind sonst noch so auswendig lernt. In ihrer Mitte steht eine Fußgängerbrücke, die einzige in ganz Homberg. Sie verband die sichere und die unsichere Seite der Welt. Und am Fuß dieser Brücke, eben noch auf der sicheren Seite, da lebte ich.

»Ich wohne in der Wilhelmstraße 44, 41 Duisburg 17.« Das hatte meine Mutter mich aufsagen lassen, ehe ich allein aus dem Haus durfte. Offenbar schätzte sie meine Reichweite sehr hoch ein. Seltsam, dass nicht auch noch »West Germany« dabei war. Die Homberger waren misstrauisch damals. Eben erst hatte die kommunale Neuordnung ihr Niederrheinstädtchen dem hässlichen Duisburg auf der anderen Rheinseite angegliedert. Und drüben hauste bekanntlich der Pöbel. So weit kam ich damals zwar nicht. Aber die Bedeutung von Grenzen prägte sich mir ein.

Die sichere Seite, das war der Teil der Wilhelmstraße, wo ich jeden Stein kannte. Meinen Weg zum Einkaufen und in die Schule, zu Thomas und Bert und Tante Hannchen. Ich ging ihn mit Stolz. Mochten die anderen Kinder an den Rockschößen ihrer Eltern hängen. Ich war »verständig«, mich konnte man »schicken«. Dass meine Mutter so von mir dachte, lag wohl daran, dass ich die Straße vor unserer Tür so einschätzte, wie sie es für das Sicherste hielt. Eine riesige, verworrene Welt war das nämlich, in der man nur bestehen konnte, wenn man sich an die Regeln hielt. Und ich erfand mir jeden Tag neue.

Häuserblocks waren Inseln, Straßen waren Flüsse. Man überquerte sie nur an der richtigen Stelle. Es gab auch immer nur eine richtige Straßenseite. Auf der falschen gehen, das war wie den kratzigen Pulli auf links tragen. Schon bald hatte mein Ordnungssinn auch den Bürgersteig erfasst. »Guck, wo du hintrittst«, war mir eingeschärft worden; und indem ich das tat, bemerkte ich Unregelmäßigkeiten. Die Pflastersteine waren nicht passgenau verlegt. Zwischen ihnen quoll Moos hervor, manchmal auch ganze Büschel von Löwenzahn oder Gras. Irgendetwas wollte da nach oben. Etwas, das unten bleiben musste, sonst hätten ja die Erbauer der Wilhelmstraße kein Pflaster darübergelegt. Am besten also, wenn man von Stein zu Stein, von Scholle zu Scholle sprang und die grünen Ritzen mied.

Wenn ich wieder heimwollte, musste ich dreimal klingeln zum Beweis, dass ich es war und kein Hausierer oder Zeuge Jehovas. Irgendwann, ich glaube, ich war sieben, bekam ich meinen eigenen Schlüssel. Die speckige Kordel, die ich jeden Morgen umhängte, das kalte Metall auf meiner Brust kamen mir so vor wie die Krawatten meines Vaters: ein bisschen albern, aber doch ein Zeichen von Würde.

Auf der sicheren Seite der Wilhelmstraße stehen ihre ältesten Häuser, erbaut Anfang des letzten Jahrhunderts. Das weiß ich, weil bei den meisten die Jahreszahl dransteht. Sie haben gemütliche Erker im Obergeschoss und sind in Suhrkamp-Taschenbuch-Farben gestrichen. Es wohnen auch Suhrkamp-Taschenbuch-Leser darin. Man sieht ihre Regale durch die gardinenlosen Fenster, mit denen der linksliberale Homberger seine Weltoffenheit zeigt. (Der kulturelle Einfluss der nahen Niederlande vermutlich. Wir haben da immer nur Kaffee gekauft und sind ein Gardinenhaushalt geblieben.) Unter den Löchern in den Regenrinnen sind die Fassaden dunkel verfärbt. Als auf der anderen Rheinseite, drüben im Ruhrgebiet, noch die Schlote rauchten, mussten die Hausbesitzer alle paar Jahre neu streichen.

Auf der sicheren Seite geschah nie etwas Unvorhersehbares; hier galten meine Regeln. Sie führte zu einem guten Ort, dem italienischen Eiscafé an der Augustastraße. »Eisdiele« sagten wir damals noch. Eine Kugel zehn Pfennig. Bei zwölf Kugeln lag mein Rekord.

Die unsichere Seite führte zum Friedhof. Er wurde längst nicht mehr genutzt. Trotzdem durfte ich da nicht hin. Es ging das Gerücht, zwischen den Sträuchern treibe sich ein Sittenstrolch herum. Das schien etwas sehr Schlimmes zu sein. Dabei klang doch der Name so lustig – wie eine Figur aus dem Kasperltheater.

So etwas war typisch für die unsichere Seite. Alles war aufregender dort, und nichts ergab Sinn. Ich schlug trotzdem oft diese Richtung ein, ich musste ja auf den Spielplatz, den ein ganzheitlich denkender Stadtplaner neben dem Friedhof angesiedelt hatte. Dort stand eine prächtige alte Dampflok mit lauter beweglichen Teilen. Nur den größten Hebel ließ ich in Ruhe. Ein Freund meinte, wenn man an dem ziehe, dann fahre sie los. Eines Tages war sie tatsächlich verschwunden, wenn auch eher durch Kindertränen als durch Kinderhände – man fand, die Verletzungsgefahr sei zu groß. Seitdem steht am selben Platz eine kindgerechte Lok ohne bewegliche Teile, sogar ohne Räder. Die fährt nirgendwohin.

Unberechenbar machten den Spielplatz natürlich vor allem die Kinder, namentlich Frank. Frank war größer und dicker als ich und das, was man damals noch einen

Asozialen nannte. Damit tat man ihm unrecht, denn sein Humor und sein Einfallsreichtum hatten ihm einen großen, wenn auch zweifelhaften Freundeskreis beschert. Ich erlebte ihn immer fröhlich – am fröhlichsten dann, wenn er jemandem wehtun konnte. Als ich ihn am Parkeingang Ecke Margarethenstraße sah, war er schon recht guter Dinge. Er hatte einen Haufen Hundekot entdeckt und stocherte unter dem Gekicher seiner Begleiter unschlüssig darin herum. Dann fiel sein Blick auf mich. Komisch, dachte ich später, wie so einer seine Straße wahrnimmt. Im Moment fügte ich mich, vor Unverständnis starr, in mein Los, Franks Laune weiter zu heben. Für die Begehung des Lutherparks galten künftig striktere Regeln.

Unsicher an der unsicheren Seite war auch, dass man nicht genau wusste, wo sie begann. Manchmal gleich nebenan. Das Haus Nummer 46 gehörte Klaus Golitz. Dem sollte ich aus dem Weg gehen. Golitz war Alkoholiker. Er lebte von der Vermietung des Ladenlokals, in dem seine Zechgefährten ihre Geschäftsideen erprobten. Erst der Antiquitätenladen. Antiquitätenläden waren in den Siebzigern das, was heute die Internetcafés sind. Später kam dann die Trinkhalle. Die hielt sich etwas länger. Abends hörte ich Golitz oft grölen. Meist ging es darum, sich zu rächen. »Ich habe das Buch der tausend Gemeinheiten gelesen!«, schrie er einmal. Das machte ziemlichen Eindruck auf mich. In dem Buch stand sicher auch etwas über das Schikanieren von Kindern. Ich schützte mich, indem ich ihn niemals grüßte. Wenn man nicht grüßte, konnten die Erwachsenen einen nicht sehen.

Der Ort meiner ersten großen Angst war nur ein paar Meter weiter. An der Häuserwand Ecke Roonstraße hing ein Kaugummiautomat. Größere Kinder hatten ihn mit Feuerzeugen versengt. Das war das geläufige künstlerische Ausdrucksmittel in der Zeit vor den Graffiti. Trotzdem war so ein Automat eine tolle Sache. Einen Groschen rein, kräftig drehen, schon gab es ein Klockern und Kollern wie bei der Ziehung der Lottozahlen, nur dass man immer gewann. Einmal stand vor dem Automaten ein Mann. Der Automat sei kaputt, sagte er, aber er habe Kaugummi dabei. Aus seiner Jacke holte er unförmige Kugeln in einem schmutzigen Braun. Das musste Rauschgift sein. Ich nahm eine und rannte damit zu meinem Vater. Sicher würde er mit mir zur Polizei gehen, wie die Eltern in den Fünf-Freunde-Büchern das taten, und dann kämen wir einem Verbrecherring auf die Spur. Aber er warf das Ding einfach fort, und der Spuk war vorbei. Hinterher wünschte ich mir fast, ich hätte es gegessen.

Von den Ängsten der Erwachsenen bekam ich damals kaum etwas mit. An einer Mauer in der Saarstraße stand mit roter Farbe »Brigitte RAF«. Das sei »eine Frau von der Baader-Meinhof-Bande«, sagte meine Mutter. Die täten schlimme Dinge. Ich stellte mir Brigitte Raf als einen weiblichen Sittenstrolch vor. Dabei bescherte die RAF einem ganz anderen Homberger Strolch den Auftritt seines Lebens. Ich weiß nicht mehr, was es auf sich hatte mit den Scharfschützen und dem Tränengas, vor denen die Kriminalpolizei uns Anwohner warnte. Ich weiß nur noch, dass ich mit einer Taucherbrille im Gesicht am

Fenster stand und auf die Megaphonstimme lauschte, die etwas von »sich stellen« quakte. Es stellte sich dann Klaus Golitz, der mit seinen Kumpanen im Gartenhäuschen versackt war. Einem Nachbarn hatte das wie der Unterschlupf von Entführern ausgesehen.

Irgendwann hatte ich keine Lust mehr, die Welt in Ordnung zu halten. Pubertät ist, wenn man mal einen anderen Weg nimmt, ohne Grund, einfach nur so. Wenn man Schlüssel nicht mehr um den Hals trägt und die Fußgängerbrücke den »Babys« überlässt. Wenn man unter Tränen einsieht, dass nicht die eigenen Regeln wichtig sind, sondern die der anderen, und dass die niemanden zu ihren Feten einladen, der auf Pflastersteinen herumhüpft wie ein Verrückter.

Sicher und unsicher war nicht länger eine Frage der Hausnummer. Darüber bestimmten Kräfte jenseits der Wilhelmstraße, vielleicht sogar jenseits von Homberg. Man musste immer mehr Abstand gewinnen, um sie dann doch nicht zu verstehen. Der alte Friedhof macht mir keine Angst mehr, seitdem ich mir einmal vorgestellt hatte, wie der Sittenstrolch in seinem Gebüsch vor sich hin flucht: »Wo bleiben nur die blöden Kinder? Vielleicht hätte ich doch den Park wechseln sollen.« Dafür geht mir die Sache mit dem Eiscafé nicht aus dem Kopf. Der Freund eines Freundes hat da mal Streit angefangen, worauf ihm die sonst immer so nette Kellnerin mit »unseren Leuten« drohte. Jedenfalls erzählte er das hinterher.

Aber ich will ja keinen Streit anfangen, und das Eis schmeckt immer noch gut. Drei Bällchen genügen mir heute. Schokolade, Stracciatella, Pistazie, zusammen ein Euro fünfzig. Ich gehe den Weg noch einmal ab. Zehn Minuten genügen. In unserer Wohnung wohnen jetzt Menschen, die Eigenbedarf hatten. Die neuen Besitzer der 46 haben aus dem Trinkerasyl ein properes Häuschen gemacht. Der Kaugummiautomat an der 54 wurde abmontiert, ein Opfer des Euro wahrscheinlich. Nur ein dunkler Fleck auf der Hauswand erinnert an ihn.

Der Aufgang zur Fußgängerbrücke ist von Unkraut überwuchert, am Geländer nagt Rost. Erst jetzt fällt mir auf, dass die unsichere Seite der Wilhelmstraße die schönere ist. Lauter efeuberankte Zweifamilienhäuser mit zufriedenen Vorgärten und Parkblick. Für die Kinder, die hier aufwuchsen, waren wir von der anderen Brückenseite wohl die Asozialen. Ich beziehe meinen Platz in der kindgerechten Lok und warte auf ein Gefühl, das sich nicht einstellt. Meine Mutter ruft auf dem Handy an. Ich erzähle ihr, wo ich bin. Sie lacht und meint, ich solle lieber weitergehen. »Die denken sonst, du hast 'n Knall.«

Ein paar Schritte noch ans Ende der Straße, ans Ende der Welt. Zwischen den Kastanien der Friedhofsallee haben meine Großmutter und ich »Guten Tag, auf Wiedersehen« gespielt: Wir verabschiedeten uns vor jedem Baum förmlich und fassten uns dahinter wieder mit einem Gruß an der Hand. Auf jeden Abschied folgte ein Wiedersehen. Das hatte das Spiel dem Leben voraus. Die Pflastersteine sind noch dieselben wie damals, nur dreißig Jahre älter. Ich versuche zu hüpfen, doch es fühlt sich falsch an. Meine Füße sind zu groß.

Wittelsbacherstraße 28 a in Berlin

Unter aller Augen

Von Josef Joffe

Sächsische Straße
B KN 6582

KN 6582

Berlin nach dem Krieg. Wir Kinder spielen in Ruinen, die Eltern müssen sich nicht sorgen – denn die Nachbarn führen Aufsicht.

In dem magischen Alter zwischen »Eins, zwei, drei, vier, Eckstein, alles muss versteckt sein« und dem Herumlungern auf der NSU Quickly bestand meine Welt aus hundertfünfzig Metern Wittelsbacherstraße zwischen der Bayerischen und der Württembergischen in Berlin-Wilmersdorf. Hier hat nicht der Kalender, sondern die Kleidung die Jahreszeiten festgelegt. Kurze Hosen – Frühling. Halb nackt an der Straßenpumpe – Sommer. Lange Hosen – Herbst. Geschnürte Skischuhe – Winter. Und die Arbeit, die bei Kindern »Spielen« heißt.

Murmeln waren Frühling, genauso wie Tretroller, Rollschuhe und Fahrrad (Springseil, Kreisel und Hopse für die Mädchen). Völker-, Fuß- und Treibball waren Sommer. In der Großpfütze im Preußenpark herumtrampeln war Herbst. Dort übers Eis schlittern war Winter. Etwas später im Leben mit der Angebeteten von gegenüber (dreizehn) auf der Parkbank sitzen war wieder Frühling.

In der Wittelsbacherstraße, etwa einen Kilometer südlich vom Kurfürstendamm, war das Klein- und Mittelbürgermilieu zu Hause. Und hier war Wirtschaftswunderland. Zu Beginn standen nur zwei Autos vor dem Haus mit der Nummer 28 a: der gräuliche Käfer des Hausarztes, der ein Stockwerk unter uns wohnte, und der blau-weiße Olympia Rekord meines Vaters mit dem Kennzeichen BHE 674. Dann kamen Telefon (das schwarze Ding mit der Wählscheibe, von dem noch zu reden sein wird), Kühlschrank, Warmwasser, Fernseher.

Das Warmwasser nebst Zentralheizung war in meiner Straße der endgültige Ausbruch aus der Nachkriegszeit. Verschwunden waren plötzlich die Briketts, verschrottet wurde der Boiler, der mit Holz und Kohle gefüttert werden musste, bevor am Samstag das »Vollbad« fällig war. Aber der Waschbottich auf dem Boden blieb (warum heißt auf Deutsch »Boden«, was doch direkt unterm Dach liegt?). Allwöchentlich wurde hier die Wäsche gekocht, gewälzt und auf dem Waschbrett malträtiert.

Auch nachdem der Kühlschrank den Holzkasten samt Eisblöcken verdrängt hatte, blieb der Tagesrhythmus meiner Mutter lange Jahre gleich. Sie kaufte täglich auf dem Markt ein, ein Viertel Wurst, ein Viertel Butter. Die Milch holte sie in der Kanne. Und Erdbeeren gab's nur im Juni.

Das Paradies war's nicht – die »glückliche Kindheit« ist ein Konstrukt der Erwachsenen, die vergessen haben, dass sie damals so missmutig und deprimiert sein konnten wie heute beim Ausfüllen der Steuererklärung.

Wie glücklich war denn der Knabe, den wir nur mitspielen ließen, weil ihm der Fußball gehörte? Oder der kleine Kloß, der als Allerletzter in die Straßenmannschaft aufgenommen wurde, wenn sich die Jungs zum Fußballgefecht aufstellten – »du kriegst den, ich den«?

Den Unterschied zum Heute markiert das Soziologen-Wörtchen »soziale Kontrolle«. Die Straße war unser Wohnzimmer. Mutter musste sich nicht von Schulschluss bis zum Einbruch der Dunkelheit aus dem Fenster hängen, um den Sohn im Blick zu haben. Mindestens ein halbes Dutzend Augenpaare spähte uns Kinder aus, angefangen mit der »Portiehschen«, die säuberlich registrierte, wer den Ball in die Scheibe geschossen hatte. An der Ecke stand der Lebensmittelhändler Jahrcke vor der Tür. Der Bäcker äugte durch sein Schaufenster. Und Karolas körperbehinderte Mutter war die zuverlässigste Wache am Fenster. Alle kannten unsere Eltern.

Regelmäßig kam auch der Polizist vorbei, mit dem Tschako auf dem Kopf. Vor den Erwachsenen nannten wir ihn noch vornehm »Schupo«, hinter seinem Rücken aber »Polente«. Zum Beispiel als wir, mit zwölf Jahren etwa, die ersten Zigaretten rauchten, die es damals im billigen Viererpack für dreißig Pfennig gab. »Chester« hießen sie, um den Minderbemittelten die große weite Welt der amerikanischen »Chesterfield« vorzugaukeln. »Golddollar« gab's auch, aber für die musste man schon eine ganze Mark hinlegen, das halbe Wocheneinkommen eines Taschengeldempfängers.

Jeder Erwachsene war eine Autoritätsperson, auch

wenn wir schnell lernten, dass wir mit dem humpelnden Parkwächter ein sicheres Spiel hatten. Der war darauf spezialisiert, unsere »Höhlen« aufzustöbern, Gebilde aus Buschwerk und Ästen, wo wir uns die »Chester« reinzogen. Grausam, wie Kinder sind, haben wir ihn von weitem provoziert, um ganz ruhig davonzutraben, wenn er sich schnaufend und stockschwingend zu nähern versuchte.

Die soziale Kontrolle ist genauso dahin wie der Kohlenmann und der leere Parkraum vor der Haustür. Genauso wie auch die klassische Konversationseröffnung mit der Mutter des besten Freundes: »Frau Gentz*, kann der Jürgen* runterkommen?« Die Straße ist heute nur Straße. In der Großstadtstraße, jedenfalls in den bürgerlichen Bezirken, sieht man keine Kinder mehr, die Versteck spielen. Die Wittelsbacherstraße ist ein unwirtlicher Ort geworden. Sie gehört dem Auto, nicht dem Kind.

Es gibt in Berlin, überall in Deutschland, auch keine Kriegsruinen mehr, die gruseligen »Abenteuerspielplätze« der späten Vierziger und frühen Fünfziger. Deshalb ein kurzer Ausflug in die Mommsenstraße auf der anderen Seite des Ku'damms zu einer Zeit, als es mehr Lücken in Berlin gab als intakte Wohnhäuser. In einem von ihnen lebten wir während der Berlin-Blockade. Hier, im Nachlass des Bombenkrieges, hat der Vierjährige schon mal eine Maschinenpistole gefunden. Freundlicherweise war sie zu verrostet, als dass man sie noch einmal – aus reiner Neugier, nicht aus Mordlust – hätte durchladen können.

Der Bauschutt war Knete in unseren Händen; viel

kreativitätsfördernder als ein Container voller Playmobil. Wir haben Burgen und Bunker gebaut, uns mit Schilden aus Sperrholz und Schwertern aus Leisten bewaffnet. Warum, fragt sich dieser Vater zweier Töchter, haben uns die Eltern damals unbeaufsichtigt auf die Straße gelassen? Weil die Ruhe in den Ruinen so viel anheimelnder war als die Blutrunst des Krieges, den sie gerade überlebt hatten? Weil der Existenzkampf sie in den Klauen hielt? Weil da immer irgendjemand war, der die Gören im Auge behielt? Alle Antworten sind richtig.

Heute wachsen Kinder in einem »infantozentrischen Universum« auf, wahrscheinlich, weil wir nur noch ein Kind, höchstens deren zwei schaffen. Gespielt wird wohlbehütet im Kinderzimmer, aber nur, wenn Mutter die Kleinen nicht in den Volvo zerrt, um sie zum Taekwondo oder zum Klavierlehrer zu fahren. Die Straße ist Jagdgrund der Kinderschänder und Rennbahn durchgeknallter Autofahrer geworden, jedenfalls in unserer Vorstellung. Außerdem muss der kleine Erbe für den Lebenskampf fit gemacht werden – mit Tennis-, Ballett- und Nachhilfeunterricht. Mutter ist zur Chauffeuse mutiert. Und zur Terminberaterin.

Zurück zur Wittelsbacherstraße. Diese hundertfünfzig Meter waren wirklich die ganze Welt, was einen schlichten Grund hatte: den knappen Bewegungsradius, den die »Kurzen« haben. Am Anfang sind's bloß die Füße, und die tragen nicht weit. Mit dem Roller schafft man es bis zur übernächsten Querstraße. Das Fahrrad? Mit dem ging es nur bis zum Ku'damm oder zum Freibad am

Hohenzollerndamm. Noch heute ist dieser Autor zutiefst verblüfft, wenn er mit dem Taxi in einer Viertelstunde am Tegeler Flughafen ist. Das war früher eine Tagesreise, genauso wie zum Strandbad Wannsee.

Doch war auch der virtuelle Raum knapp bemessen. Den Schulfreund anrufen? Dessen Eltern hatten kein Telefon. E-Mail war nicht einmal Utopie. Es gab zwar »Handys«, doch die hießen »Telefonzellen«. Der Doppeldeckerbus? Dort musste man sich als Sechsjähriger einem Verhör durch den Schaffner aussetzen: »Wo issen deine Mutter, Kleener?« – »Äh, die sitzt unten. Hier oben wird ihr schlecht.« Die Straße war das Dorf, der Rinnstein die Bank unter der Linde, das »Karree« die Heimat.

Apropos telefonieren. Wie bereits erwähnt, hatten wir als erste Familie im Haus ein Telefon. Die soziale Pflicht forderte dessen Bereitstellung für die Nachbarn (die jedes Mal zwanzig Pfennig pro Ortsgespräch ablieferten). Eines Tages kam Frau Gentz nach oben, Kriegerwitwe, die Mutter jenes Jürgen, der als »bester Freund« firmierte. Dem war gerade von seinem Klassenlehrer der soziale Aufstieg verwehrt worden. Das funktionierte in Berlin so: Wer in der sechsten Klasse eine Streberleiche war, durfte auf den »WZ«, den »Wissenschaftlichen Zweig«, der anderswo »Realgymnasium« genannt wurde. Die nicht so Brillanten kamen auf den »TZ«, den »Technischen Zweig«, der mit der mittleren Reife abschloss. Die Doofen, oder was man damals für die Doofen hielt, mussten auf den »PZ«, den »Praktischen Zweig«, der bis zur neunten Klasse ging und dann ans Fließband führte.

Warum Frau Gentz mit zwei Groschen in der Hand zum Telefonieren in den zweiten Stock kam? Ihren Jürgen hatte das PZ-Verdikt erwischt. Es folgte ein ebenso hartnäckiges wie tränenreiches Gespräch mit dem Klassenlehrer: Ob der ihrem Sohn nicht den Weg zur mittleren Reife öffnen könne? Dann könnte der nach drei Jahren Maschinenschlosser-Lehre auf die Ingenieurschule gehen. Der Mann ließ sich erweichen. Heute ist Jürgen ein wohlbestallter Ingenieur in der Schweiz.

Ich bin noch heute stolz darauf, dass unser Telefon Jürgen zum Durchbruch in die Mittelschicht verhalf. Doch war der Preis ein bitterer – für mich. Fast unmerklich, aber gnadenlos ging unsere Freundschaft auseinander.

Ich war noch immer auf dem »WZ«, oder auch »Weezett«, als Jürgen nach der Zehnten zu Borsig in die Lehre ging. Mein Taschengeld blieb eingefroren bei zwei Mark pro Woche, er aber brachte als Lehrling deren sechzig pro Monat nach Hause. Die Folge? Früher hatten wir auf dem Hof noch einträchtig an unseren Quickly-Mopeds gefummelt, plötzlich aber stand Jürgen mit einer feuerroten Kreidler Florett an der Ecke.

Das war der Anfang vom Ende unserer Freundschaft – nicht weil einer von uns das so wollte, sondern weil ich mit meiner Quickly hoffnungslos *déclassé* war. Aber auch ein *clash of civilizations* setzte ein. Er hing am Abend mit anderen Florettisten an der Straßenecke rum, ich hatte mit dem Mathebuch zu kämpfen. Er mutierte zum »Halbstarken« mit schwarzer Lederjacke, ich zum »Exi« (kurz für Existenzialist) mit olivgrüner Kutte aus US-Beständen.

Er hörte Rock, ich Dixie. Mit seinen fünfzehn Mark pro Woche schleppte er die Mädchen ab. Ich musste meine zwei Mark so einteilen, dass es für einmal Kino und zwei Eismuscheln à fünfzig Pfennig reichte.

Was wäre, wenn wir heute mit unseren Familien in der Wittelsbacherstraße aufkreuzten, um unseren Lieben zu zeigen, wo wir herkommen? Die Heimat eines Kindes können wir nicht wiederherstellen. Denn sie besteht nicht aus Fahrdamm, Bürgersteig und Mietshaus, sondern aus Erinnerungen, die man nicht teilen kann. Vielleicht nicht einmal mit sich selber. Das kleinbürgerliche Milieu der Fünfziger- und Sechzigerjahre ist der *gentrification* gewichen, der Opel, das Aufstiegsabzeichen par excellence, dem Volvo. Die Krämerläden sind verschwunden, die Kinder mit ihren Murmeln auch. Was soll ich meinen beiden Töchtern, die in New York und London leben, von meiner Hundertfünfzig-Meter-Welt erzählen? Dass hier mal eine mannshohe Pumpe stand? Dass wir Angst vor der »Polente« hatten und trotzdem rauchten?

Die jungen Frauen wissen nicht, was »Murmeln« sind, aber sie wissen, wo's in New York die feinste Olivenauswahl direkt aus dem Fass gibt. Und dass in London eine Dreieinhalb-Zimmer-Wohnung wie in der Wittelsbacher 28 a mindestens eine halbe Million Pfund kostet. »Weißt du, damals …« ist das nervigste Narrativ, das man Kindern anbieten kann. Dass wir damals so »cool« waren, ist noch nerviger. Also fahren wir schnell zum Italiener, wo ich ihnen bei einem Bellini-Cocktail noch zu erzählen versuche, wie ich als Zwölfjähriger zum ersten Mal allein in das düstere Restaurant um die Ecke ging, wo es nur zu Kartoffelsalat und Buletten mit siebzig Prozent Brotanteil reichte. Die Kneipe gibt es auch nicht mehr. Wo war die nochmal? Hier, in diesem Sonnenstudio? Oder dort, wo sie »Fusion« servieren?

»Meine Straße« ist *meine* Straße, oder genauer: Das war sie einmal. Ein bisschen sentimental darf man trotzdem sein.

* Namen geändert.

Dicke Hecke 17 in Vicht

Vaters Heimat

Von Jörg Lau

Er kam als Flüchtling und erfüllte sich in der Nordeifel den Traum vom Eigenheim. Der Sohn kehrt zurück, um das Haus zu verkaufen.

Ich habe ihn all die Jahre eigentlich nie als Flüchtling gesehen. Jetzt erst, da ich das Haus verkaufen soll, erscheint mir Vaters Sesshaftigkeit mit einem Mal als die späte und unwahrscheinliche Errungenschaft, die sie wohl für ihn gewesen sein muss. Er war hier endlich angekommen – zunächst, als Kind, vertrieben aus Westpreußen, dann geflohen aus der frühen DDR, buchstäblich mit nichts als einem Koffer in der Hand.

Nach langen Irrfahrten als Bäckergeselle durch die frühe Bundesrepublik war mein Vater Ende der Fünfzigerjahre endlich im äußersten Westen des Landes hängengeblieben, genauer gesagt in einem Dorf namens Vicht, in den ersten sanften Hügeln der Nordeifel bei Aachen, kurz vor der Grenze zu den Niederlanden und Belgien. Der Bungalow in der Dicken Hecke 17, den er 1970 hatte errichten lassen, wurde unser Familienhaus. Mein fünf Jahre jüngerer Bruder Arndt und ich sind hier aufgewachsen – in der bewegten Zeit zwischen »Mehr Demokratie wagen« und »Wir sind das Volk«. Die Familie hatte vorher zur Untermiete gewohnt, in ziemlich engen Verhältnissen. In den letzten Jahren hat der Familienbungalow mit Doppelgarage und Einliegerwohnung sich in das Haus meines Vaters zurückverwandelt. Ich vermeide es, allein dort zu sein. Wenn es sein muss, dass ich etwa mit einem Makler hindurchgehe, lege ich mir eine geschäftsmäßige Haltung zurecht. So ist es auszuhalten. Nachher schlafe ich allerdings nicht gut und träume Kinderalbträume vom Verlassensein und Nicht-nach-Hause-Finden.

Mein Vater hatte einen dieser langen Wege nach Westen zurückgelegt, die für die Bundesrepublik typisch waren – die erste Teilstrecke gezwungenermaßen als Vertriebener, die zweite freiwillig, als Republikflüchtiger auf der Suche nach dem guten Leben in Freiheit. Er hatte eigentlich nicht aufs Dorf gewollt. Er träumte immer von einem Café in einer Stadt. Am Ende hat er es immerhin zu einer florierenden Bäckerei auf dem Lande gebracht. Es hat lange gedauert, bis ich seinen Wunsch danach, endlich irgendwo anzukommen und dazuzugehören, gelten lassen konnte. Ich habe seinen Kult um das eigene Haus und das große Grundstück so recht erst nach seinem Tode verstehen können.

Als ich ein Jugendlicher war, schien mein Glück hingegen geradezu davon abzuhängen, mich von der Sesshaftigkeit frei zu machen. Dem Einfamilienhaus-Neubau musste ich so schnell wie möglich entkommen, möglichst in eine WG in einer städtischen Altbauwohnung. Ich konnte oder wollte nicht sehen, gegen welche Widrigkeiten mein Vater seine späte Ankunft ertrotzen musste. Eigenartig: Es fiel leichter, sich als politisch interessierter Jugendlicher mit den Boat-People aus Vietnam zu identifizieren, als die Flüchtlingsgeschichten in der eigenen Familie zur Kenntnis zu nehmen.

Mit dem Haus hatte mein Vater sich die Kriegskindersehnsucht nach einer bürgerlichen Existenz erfüllt, also auch nach eigenem Grund und Boden. Der selbstgerechte Heranwachsende, der ich war, lehnte das ländliche Eigenheim als spießig ab und träumte sehr ungefähr vom beweglichen Leben in den großen Städten. Wenn ich heute aus Berlin in dem leeren Haus zu Gast bin, kommt mir der Kleinbürgerselbsthass von damals ziemlich engherzig und ungerecht vor.

Denn der Alltag, der sich in unserem Siebzigerjahre-Bungalow entfaltete, mag kleinbürgerlich gewesen sein, er war dennoch ziemlich unspießig. Mein Vater, dem es nicht eingefallen wäre, auch nur ein einziges Mal aus seinem Vertreibungsschicksal eine larmoyante Opfergeschichte zu machen, brachte einen Hauch von freundlich-zupackender Weltläufigkeit in das alteingesessene, gutkatholische Dörflermilieu. Solche Dinge müssen sich abertausendfach in der deutschen Nachkriegsprovinz abgespielt haben. Leider haben die nervtötenden Berufsvertriebenen mit ihren quengeligen Verbänden dafür gesorgt, dass der sozial durchlüftende Effekt der großen Flucht in den Hintergrund getreten ist. Man müsste endlich einmal, denke ich oft in Erinnerung an meinen von den Totalitarismen des letzten Jahrhunderts mächtig herumgeschubsten Vater, die Vertriebenen als Agenten der Modernisierung der Bundesrepublik beschreiben.

Sie waren ungeliebte Fremde im eigenen Land. Sie hatten sich und anderen etwas zu beweisen. Sie brachten die alteingesessenen Milieus und deren Trott heilsam durcheinander – so wie jener preußisch-protestantisch geprägte Bäckermeister, der sich partout in den Kopf gesetzt hatte, das rheinisch-katholische Mädchen, das meine Mutter werden sollte, aus dem Dorf in die Stadt zu entführen, um mit ihr ein elegantes Café zu eröffnen. Man blieb dann zwar doch auf dem Dorf. Aber meine Eltern waren trotz dieses geplatzten Traums in aller Zurückgenommenheit ein romantisches Paar. (Sie hätten diesen Begriff allerdings peinlich gefunden, und zu ihren Lebzeiten habe ich sie auch nicht so sehen können, wie wohl die meisten Kinder.) Sie hatten sich beide nicht für das Naheliegende entschieden. Ihrer Verbindung haftete etwas Unwahrscheinliches und doch Schicksalhaftes an. Es war am Ende gar nicht schlimm, dass aus dem Café in der Stadt nichts wurde. Der Auftrag, die Stadt zu erobern, ging einfach auf meinen Bruder und mich über, und bis heute sind wir beide in Freiburg und Berlin damit beschäftigt, ihn abzuarbeiten.

Wie erstaunlich doch diese optimistischen frühen Siebzigerjahre in der westdeutschen Provinz waren! Woher dieser plötzliche Mut, absolut modern zu sein, von dem schon die grellorangefarbenen und hellblauen Vorhänge und Tapetenmuster kündeten? Wenn nicht gerade »autofreier Sonntag« war, fuhren wir mit unserem undeutsch eleganten Citroën DS durchs Dorf zur Jazzmesse in der kleinen Pfarrkirche St. Johannes Baptist. Ich war, bis zur Pubertät, glühend begeisterter Messdiener. Wir bekamen einen progressiven jungen Pastor, der Mädchen als Messdienerinnen anwarb und aufwühlende Nachtwallfahrten mit Meditation organisierte. Der vollbärtige Lehrer und seine linkskatholischen Hippiefreunde verkauften im Pfarrgemeindehaus fair gehandelte Dritte-Welt-Waren. Der progressive Alltag machte selbst vor unserer Zwergschule mit ihren zwei Klassen keinen Halt. Mengenlehre und Sexualkunde wurden an uns ausprobiert, vor allem Letzteres unter großem Hallo.

Wer als Heranwachsender nichts wusste von den K-Gruppen und von den Kassandrarufen des Club of Rome, von den ersten Schüssen im »Kampf in den Metropolen«, von Männergruppen, Psychoboom, Rasterfahndung und Unregierbarkeit, dem musste die Bundesrepublik der Siebziger als das beste Land der Welt erscheinen. Sexuelles und politisches Erwachen – Testosteron und Terrorismus – haben bei mir erst Ende des Jahrzehnts dieses Gefühl der Geborgenheit zerstört. Bis dahin war die Bundesrepublik für mich wirklich jenes »Modell Deutschland«, als das sie sich unter dem sozialingenieurhaften Regiment Helmut Schmidts darstellte. Als einsame Vorboten des Unheils habe ich die Plakate in der Filiale der Sparkasse in Erinnerung, auf denen Fotos von grimmigen jungen Leuten zu sehen waren, die einerseits dringend gesucht, vor denen zugleich aber auch gewarnt wurde: »Achtung, Schusswaffen!« Von Zeit zu Zeit wurde ein Foto ausgekreuzt, mit dicken, Genugtuung ausstrahlenden Strichen.

Aber Terror, Energiekrise und Staatsnotstand waren weit weg, letztlich fern und folgenlos dank Helmut Schmidt, dem auch das CDU-Publikum meines Herkunftsmilieus respektvoll zutraute, mit alldem irgendwie fertig zu werden. Er sollte der Letzte sein, zu dem man so treuherzig aufschaute.

Seltsam, wie weit der Krieg damals schon entrückt war mitsamt dem ganzen großdeutschen Weltbeherrschungsirrsinn. Als ich meinen Eltern erklärte, dass ich den Wehrdienst verweigern würde, blieben nicht nur die Bedenken aus, die ich erwartet hatte. Man ließ mich wortlos Erleichterung spüren. Meine komplizierten Gewissensgründe interessierten nicht. Es war schlicht und einfach genug mit Krieg und Elend seit nunmehr drei Generationen. Das war der unausgesprochene Generationenkonsens.

Einzig mein Stalingrad-Onkel, auch er Bäckermeister, wütete gegen meinen Pazifismus. Er war mit erfrorenen Zehen nach viel zu vielen Jahren aus Sibirien spätheimgekehrt, ein körperliches und seelisches Häuflein Elend, ein mehrfach Besiegter, dem eine grausame Ironie ausgerechnet den Vornamen Viktor zugedacht hatte.

Unser heller, großzügiger Bungalow füllte sich im Lauf der Jahre mit immer mehr Wohlstandsinsignien. Die Familienfeste wurden von der Dual-Hi-Fi-Anlage beschallt. Das WM-Endspiel 1974 sahen wir auf unserem neuen großen Farbfernseher, der Rubens oder Goya hieß. Die materiellen Dinge wurden immer besser und dabei noch erschwinglicher, die Erwachsenen entspannter, und den Kindern stand dank der Bildungsreform die Welt offen. Als erstes Kind unserer Familie und als einziger Junge aus meiner Zwergschulklasse erhielt ich eine Empfehlung fürs humanistische Goethe-Gymnasium in der nahen Kreisstadt. Das in Stein über der Pforte eingemeißelte Motto der Schule (»Per aspera ad astra.« – »Durch Mühe zu den Sternen.«) hätte man wohl im kritischen Jargon der Zeit mit »Leistungsdruck« übersetzen müssen.

Die bettelnden Kriegskrüppel ohne Beine verschwanden irgendwann aus der Fußgängerzone. Fast hätte man nun vergessen können, dass auch wir Besiegte waren. Die Luftschutzkeller, die Flüchtlingstrecks, die Bombennächte aus der Kindheit meiner Eltern waren wie nie gewesen. Hitler kam im Zuge der Vergangenheitsbewältigung noch nicht jeden Abend im Fernsehen. Man hätte den Horror des Jahrhunderts gnädig wegdrücken können, wenn nicht einerseits der zusehends rechtsradikale Onkel Viktor gewesen wäre, der mit seiner *National-Zeitung* herumwedelte, und andererseits jene armen Verwandten aus Karl-Marx-Stadt, die uns eines Tages zu einem Familienfest besuchten. Ihnen hatte der Mut meines Vaters gefehlt, nach der Vertreibung noch ein weiteres Mal und noch weiter im Westen neu anzufangen. Sie waren in der DDR eigentlich gut zurechtgekommen. Sie hatten auskömmliche Stellungen ergattert, ohne sich allzu sehr zu verbiegen. Doch unseren Lebensstil mit eigenen Augen zu sehen unterminierte ihre Selbstachtung. Angesichts unseres Reichtums fielen sie regelrecht in sich zusammen. Man bemühte sich, nett zu ihnen zu sein und sie nicht allzu sehr fühlen zu lassen, dass sie eindeutig die Verlierer der Geschichte waren. Sie hatten ja für alle bezahlt, und sie würden gleich nach ihrer Heimkehr weiter hinhalten müssen, wohl bis an ihr Lebensende. Denn die DDR war eine Tatsache. Man konnte sie hassen, wie es alle meine republikflüchtigen Onkel und Tanten inbrünstig taten, aber verschwinden würde sie zu unseren Lebzeiten nicht mehr. Da waren wir ganz sicher.

Unsere Nachbarn hatten zwei Kinder im gleichen Alter wie mein Bruder und ich. Torsten und Nina nannten ihre Eltern beim Vornamen statt Mama und Papa. Die Familie war die Speerspitze der Modernität auf dem Dorf. Ihre modernen antiautoritären Erziehungsmethoden waren bis dato unerhört. Der Vater, ein Ingenieur, so hieß es, habe eine Erfindung gemacht, von der die Familie leben konnte. Sie begannen irgendwann nebenher ein Restaurant auf Sylt zu betreiben. Vor meinem geistigen Auge waren dort stets alle nackt – auch im Restaurant –, man hatte ja so einiges gehört über die lockeren Sitten auf der Insel. Das Elternduzen und das Nacktbaden schienen auf geheimnisvolle Weise zusammenzuhängen in diesem vielversprechenden avantgardistischen Sylter Lebensstil der Familie. Irgendwann zogen sie ganz nach Westerland. Ich habe die Nachbarskinder lange beneidet um das coole Laisser-faire-Ambiente, das in ihrer Familie herrschte. Als wäre es die natürlichste Sache der Welt, wurden die Eltern irgendwann geschieden. Im Dorf sprach man raunend von »Zerrüttung« und Alkoholismus. Ich wollte davon nichts hören. So leicht würde ich mir mein Traumbild einer ganz anderen Familie nicht kaputt machen lassen. Die Scheidung, das Trinken, das Kaputte schienen irgendwie organisch zur Unkonventionalität unserer Nachbarn dazuzugehören und ihren Authentizitäts- und Coolnessfaktor abermals zu erhöhen.

Das Dorf war in Wahrheit keine heile Welt. Ich weiß das heute sehr wohl. Torsten und Nina haben unter dem Chaos des progressiven Alltags, um das ich sie beneidete, wahrscheinlich ziemlich gelitten. Wenn ich gelegentlich wieder in Vicht bin, fällt mir die Härte des Landlebens auf. Es gäbe viele grässliche Geschichten aus unserem ganz normalen Dorf zu erzählen – von dem begabten Vetter, der dringend hätte weggehen müssen, aber nicht die Kraft aufbrachte und schließlich den Freitod suchte; von dem Klassenkameraden, dessen klandestine Karriere als Drogenhändler und Zuhälter eines Morgens durch mehrere Schüsse in den Kopf beendet wurde; von der unglücklich verheirateten jungen Frau, die ihr uneheliches Neugeborenes aus Angst vor Schande ausgesetzt hatte. Es wurde gefunden und adoptiert. Das Dorf erfuhr davon. Nun verbringt die Frau den Rest ihres Lebens als Paria.

Die Brutalität des Dorfes, vor deren Erkenntnis mich die liebevoll geordneten Verhältnisse zu Hause bei uns dankenswerterweise lange beschützt haben, liegt heute bei jedem Besuch offen zutage. Manchmal bin ich regelrecht dankbar für diese ungeschützten Blicke. Sie dämpfen die Sehnsucht nach einer längst verlorenen

Welt, die sich mir endgültig verschließen wird, wenn der Makler eines Tages Erfolg haben sollte. Ich habe eigentlich kein Heimweh nach dem Dorf – wohl aber nach der rätselhaften Zuversicht, die in den frühen Siebzigerjahren wider alle Vernunft und Wahrscheinlichkeit auf unserem Leben in der Dicken Hecke 17 lag. Bald werde ich die letzten Dinge aus dem Haus räumen müssen. Ich drücke mich davor.

Nur den alten Lederkoffer, mit dem mein Vater achtzehnjährig in den Westen geflohen war, habe ich beim letzten Besuch schon einmal mit nach Berlin genommen.

Langegasse 39 in Wien

Auf gutem Wege

Von Werner A. Perger

Früher war alles besser? Nicht in der geschichtsträchtigen Wiener Josefstadt. Dort wohnte einst der Mief. Heute ist hier die Weltoffenheit zu Hause.

Als Kind hatte ich keine Ahnung, dass meine Straße in der Josefstadt wenige Jahre vor meiner Geburt Bestandteil der Literaturgeschichte geworden war. Arglos wuchs ich da auf, im kleinsten Wiener Stadtbezirk, dem achten, dessen Hauptstraßen exakt einen Kilometer lang sind, in jede Richtung. Auch meine Straße, die Langegasse (manchmal auch: Lange Gasse). Eine harmlose Gegend war das, bürgerlich, friedlich, still. Nachkriegsidylle. Später, als Halbwüchsiger, fand ich die Josefstadt fad. Hier war nichts los. Und dieser ereignislose Ort sollte Teil der Geschichte sein?

Die Stadt ist insgesamt Geschichte. Wenn man da lebt, merkt man das, ohne sich sonderlich darum zu kümmern. Man trifft auf Denkmäler und monumentale Bauten, wohin man auch geht, es gibt kein Entrinnen vor den Zeugnissen vergangener Größe. Im Winter spazierten mein Vater und ich oft die Straßen in Richtung Ringstraße hinunter, vorbei am neugotischen Rathaus und am klassizistischen Parlament. Unser Ziel war der verschneite Volksgarten zwischen Burgtheater und Heldenplatz, hinter dem sich die Hofburg ausbreitet. Geschichtsträchtige Orte, die für mich lediglich alltägliche Kulisse für das eigentlich Wichtige waren: das Füttern der Vögel. Die warteten schon auf uns, kamen, ohne zu zögern, auf meine Hand, holten sich ihre kleinen Krümel, flogen ab, kamen wieder. Die Vögel, der Vater und der Volksgarten bilden eine untrennbar verwobene Erinnerung an die ersten drei Nachkriegswinter (mehr hat mein Vater nicht erlebt). Ich war damals sicher, ohne uns wären die frechen Meisen und die vorsichtigeren Rotkehlchen nicht so einfach durch den Winter gekommen, trotz des Futterhäuschens, das die Stadtverwaltung aufgestellt hatte.

Die Baudenkmäler in meiner Straße erinnern eher an die Geschichte von unten als an jene der Habsburger. Aber davon hatte ich, wie gesagt, keine Ahnung, so wie die wenigsten Josefstädter wussten und wissen, dass Ödön von Horváth einen Teil seiner makabren *Geschichten aus dem Wiener Wald* in meiner Straße spielen ließ. Eine »stille Straße im achten Bezirk« nennt er einen der Schauplätze, auf denen sich sein »Volksstück in drei Teilen« entfaltet. Das Haus, das er vor Augen hatte, steht noch, ein einstöckiges Barockgebäude aus der Zeit nach der Türkenbelagerung von 1683. Langegasse Nummer 29.

Die Wiener haben Horváths Stück nicht gemocht. Sein Personal besteht aus kleinbürgerlichen Vorstadtspießern beiderlei Geschlechts, es geht überaus scheinmoralisch, brutal und herzlos zu. Als es, uraufgeführt 1931 in Berlin, nach dem Krieg in Wien gezeigt wurde, gab es prompt einen Theaterskandal: So bös und tückisch wollten die Wiener sich nicht dargestellt sehen. So sind sie ja auch nicht. Jedenfalls nicht mehr und nicht alle, trotz der Erfolge der Spießer- und Intoleranzpartei FPÖ. Das war ein Schock. Die Langegasse kann dazu nicht beigetragen haben. Denn in der Josefstadt wurden die Grünen stärkste Partei, zum ersten Mal.

Die Josefstadt und die Langegasse: historischer Boden, nicht nur im Theater. Meine Straße mit ihren vier bis fünf Stockwerke hohen Häusern aus der Gründerzeit markiert exakt den Rand der Anhöhe, von der aus die türkischen Kanoniere des Kara Mustafa vor über dreihundert Jahren versuchten, Wien zu knacken. Vergebens, wie man weiß. Die Wiener sind bis heute stolz darauf. Von den unglaublichen Heldentaten und Widerstandsleistungen ihrer Vorfahren hören die Wienerinnen und Wiener spätestens in der Volksschule – öfter und eindringlicher als von den Szenen, die sich ein paar Jahrhunderte später, am 13. März 1938, auf dem Heldenplatz abspielten, wo von Widerstand dann nichts zu merken war.

Ich wohnte in der Langegasse Nummer 39, gegenüber der Volksschule. Aus unserem Wohnzimmer im vierten Stock konnte ich direkt in die Klassenzimmer vis-à-vis schauen. Bevor ich eingeschult war, beobachtete ich den Betrieb da drüben mit großer Faszination. Es gab einen Lehrer, der zu gewaltigen Zornesausbrüchen fähig war, den wollte ich nicht haben. Zum Glück kam ich die ersten drei Jahre zu Frau Pichler in die Klasse, einer herzensguten Frau, die sich mit meiner Mutter, die von Beruf Krankenschwester war, gern über Diätfragen austauschte (obwohl es damals noch weit war bis zur Schlemmerei der Wirtschaftswunderjahre). Zur Besonderheit des kürzesten aller Schulwege gehörte übrigens, dass ich immer erst mit dem Läuten der Schulglocke in die Klasse kam. Und manchmal danach.

Einiges hat sich verändert im Haus. Der Dachboden ist ausgebaut, und es gibt jetzt einen Aufzug. Im Hinterhof, wo früher eine kleine Textilfabrik war, hat nun das »Theater in der Josefstadt« seine Schreinerei. Unverändert ist nur der Keller, verwinkelt, mit unzähligen kleinen Zellen und einer Vielfalt von Gängen. Mit dem Keller verbinden sich düstere Erinnerungen an die letzten Kriegsmonate, als Wien verstärkt zum Ziel der alliierten Bombenangriffe geworden war. Ich war zweieinhalb damals, doch die Bilder sind lebendig und frisch, bis heute. Ich sehe Menschen unter spärlich erleuchtetem Gewölbe, dicht zusammengedrängt. Manchmal geht das Licht aus. Irgendwo leuchtet ein blaues Gasflämmchen. An Angst vor den Bomben entsinne ich mich nicht. Angst hatte ich – das Kind, das noch nicht verstand – vor dem Schäferhund unseres blinden Nachbarn. Dem gehörte die Trafik, der Tabakladen ein Haus weiter. Nach dem Krieg sah ich ihn dort, wenn ich für meine Mutter Zigaretten besorgte. Da machte mir der Hund nichts mehr aus.

Die Josefstadt war damals noch ein sehr ruhiges Viertel, verkehrsarm – abgesehen von der Josefstädter

Straße, die den achten Bezirk vom Ring aus durchquert. An der Kreuzung mit der Langegasse musste alsbald, mangels einer Ampel, ein Polizist den Verkehr regeln. Wie er das machte, mitten auf der Kreuzung, mit Armsignalen und Trillerpfeife, das faszinierte mich. Der Mann war ein Meister seines Fachs und der Selbstdarstellung, Organisator, Schauspieler und Dirigent in einem. Die Leute blieben stehen, um ihm zuzusehen. Zu Weihnachten wurde dieser Straßenkonzertmeister von Autofahrern und Passanten beschenkt. Leider machte er Karriere; eines Tages verschwand er aus der Langegasse. Er war aufgestiegen zum Stardirigenten an der viel wichtigeren Straßenkreuzung vor der Staatsoper. Da gehörte er hin.

Mein Lebensmittelpunkt damals war der Schönbornpark ein paar Fußminuten von unserem Haus, eine grüne Oase mit Betonklotz in der Mitte, dem Luftschutzbunker, den die Nazis hinterlassen hatten. Vor dem Bunker gab es einen Kiesplatz, auf dem heute kaum mehr jemand Fußball spielen würde. Wenn man stürzte, hatte man gleich hässliche Schürfwunden, an meinen Knien hinterließen sie lebenslange Narben. Damals war dies der einzige Platz, den wir im Viertel hatten. Wir bespielten ihn mit großem Einsatz. Jeder eiferte Hannappi und Happel nach, Ocwirk und Stojaspal, unvergessene Namen aus der Wiener Fußballgeschichte. Die Buben im Tor mimten Zeman, den Schlussmann von Rapid, berühmt für seine Paraden und verehrt ob legendärer Abwehrleistungen – bis er 1954 bei der Fußball-WM in der Schweiz im Halbfinale gegen Deutschland sechsmal den Ball durchließ. 1:6.

Klein-Königgrätz. Für Deutschland folgte das Wunder von Bern. Bis heute fühle ich mit den Ungarn.

Am Rande des Schönbornparks befand sich ein weiterer Fixpunkt meiner Josefstädter Jahre: das Tröpferlbad. So nannte man in Wien die öffentlichen Badeanstalten, die in der Nachkriegszeit unentbehrlich waren. Mangels Badezimmer ging man hierher zum Duschen – wer sich's leisten konnte, mietete für fünfundvierzig Minuten ein Wannenvollbad. Vergangene Zeiten. Der sanitäre Fortschritt hat längst auch die Josefstadt erreicht, die Nachfrage nach den Duschen im Tröpferlbad sank, irgendwann wurde es geschlossen. Im Erdgeschoss des Bades ist seit 2001 ein Nachbarschaftszentrum untergebracht – für Alte, Mütter, Kinder, Singles, Behinderte, Obdachlose. Von Babytreffs über Kochkurse bis zum Gedächtnistraining für Senioren ist alles im Programm.

Vielleicht hat dieses Zentrum dazu beigetragen, dass die Josefstadt heute einer der beliebtesten Wohnbezirke Wiens ist. Der Bezirk funktioniere wie ein Dorfplatz, sagt die Leiterin, die Menschen fühlten sich wohl hier. Die soziale Mischung stimmt, die Melange aus Zugezogenen und Alteingesessenen, aus Studenten und Rentnern, Kindern und Großeltern, Beamten und Selbstständigen, Kneipen und Internetcafé. Das Viertel lebt, deshalb zieht auch keiner weg, wenn er nicht muss. Auch der Bundespräsident nicht, Heinz Fischer, der seit Jahrzehnten in der Josefstädter Straße wohnt, gegenüber dem Theater. Die Präsidentenvilla im großbürgerlichen Döbling stünde ihm zur Verfügung, doch da will er nicht hin.

Vielleicht auch wegen des Zuzugs zweier Edelküchen in meiner Straße, beide je zwei Gehminuten von der Nummer 39 entfernt. Rechts glänzt jetzt die Fromme Helene an genau der Ecke, wo einst der Polizist den Verkehr dirigierte. Das Etablissement war, soweit ich zurückdenken kann, schon immer ein Wirtshaus. Ich wurde manchmal mit einer Karaffe hingeschickt, um Wein zu holen. In meiner Erinnerung trat ich in eine dunkle, verrauchte, sehr laute Wirtsstube. Ob Horváth, als er in der Gegend wohnte, hier sein Achtel getrunken und die Menschen für seine Geschichten studiert hat?

Links geht es heute zum Schnattl, auch hier war seit Menschengedenken eine Wirtschaft. Die hatte früher keinen guten Ruf bei uns, wie zur Bestätigung spielte sich dort irgendwann eine Familientragödie ab, Stoff für ein weiteres Horváth-Drama, am Ende jedenfalls stand ein Selbstmord. Die Kneipe stand danach lange leer, ein Pächter war schwer zu finden, vielleicht, weil die Interessenten abergläubisch waren. Bis Wilhelm Schnattl, der Steirer, kam, welterfahren und unternehmungslustig. Er hat meine Straße auf die kulinarische Stadtkarte gesetzt.

Schließlich ist da noch, gleich neben meiner Schule, die »Alte Backstube«, das älteste und schönste Relikt aus Alt-Wien. Barockfassade, Innenhof, dickes Gemäuer, erbaut 1697. Gebacken und Kaffee gebrüht wird hier seit Anfang des 18. Jahrhunderts. Noch so ein historisches Haus – in dem sich Wiens Geschichte und meine Vergangenheit sogar überschneiden, denn mit dieser Bäckerei verbindet sich ein Höhepunkt meiner Josefstadt-Biographie. Als das erste Zeugnis aus der Volksschule so strahlend ausfiel wie kein weiteres danach, mit nichts als Einsen, sogar im »Betragen« und natürlich im Fach »Unterrichtssprache« (in Österreich wollte man die eigene Sprache im Nachkriegseifer nicht Deutsch nennen), da eilte mein Vater hinunter ins Backhaus, kaufte eine Cremeschnitte, was etwas Besonderes war, und wir feierten meinen gelungenen Einstieg in die Leistungsgesellschaft.

Die »Alte Backstube« ist heute ein Café, Restaurant und obendrein ein Bäckereimuseum. Dass sie, obwohl sie in den Sechzigerjahren eine Zeit lang geschlossen war, überlebt hat, dass kein Supermarkt einzog, keine Videothek, ist ein kleines Wunder. Und ein Symbol. Das Viertel hat inmitten aller Veränderungen überlebt und ist vitaler denn je. Ich gehe durch meine Straße, erinnere mich, und dabei kommt es mir vor, als spürte ich frischen Wind in der Josefstadt. Den Mief aus Horváths »stiller Straße im achten Bezirk«, der anderswo in der Stadt und im Land immer noch virulent ist, hat er von hier verweht. Die Leute ziehen nicht weg von hier? Recht so.

Projensdorfer Straße 41 in Kiel

Auf Hoffnung gebaut

Von Susanne Gaschke

Kiel Ende der Sechzigerjahre: ein Viertel voll ambitionierter Akademiker, kleinbürgerlicher Beamter und Gaststudenten. Das große Miteinander ist heute Geschichte.

Mein Lieblingsplatz ist weg. Das war der große Stumpf eines gefällten Kastanienbaumes, in dessen Wurzelwinkeln Unkraut wuchs: eine Dschungelheimat für kleine Figuren, die ich dort in Hütten aus sorgfältig zurechtgebrochenen Stöckchen hausen ließ. Mit meinen Schlümpfen hatte ich von Anfang an Hierarchieprobleme: Ich bekam zuerst einen König geschenkt, mit aufgemaltem Hermelinmantel, und selbstverständlich wurde er der Chef der anderen Schlümpfe – bis ich aus den Comics über die blauen Zwerge erfuhr, dass eigentlich der »Große Schlumpf« das Sagen hätte haben müssen, ein bärtiger Methusalem. Am Ende gab es eine Doppelspitze.

Mitarbeiter der Wohnungsbaugesellschaft, der mein Elternhaus gehört, haben den Baumstumpf entfernen lassen und Rasen an die Stelle gesät. Sie haben geschwungene Wege über die Grünflächen gepflastert, die das Sechzigerjahre-Mietshaus mit seinen sechs Wohneinheiten umgeben. Und sie haben eine Art Palisadenfort für die Mülltonnen errichtet. Die übermannshohen Holzpfähle sind mit Efeu und Wein begrünt. Früher warfen wir den Abfall in einen Eternit-Doppelmüllkasten direkt vor der Eingangstür, doch die komplexen Mülltrennungsvorschriften der Stadt Kiel haben inzwischen eine solche Vielzahl von verschiedenfarbigen Plastiktonnen nötig gemacht, dass es beinahe menschenfreundlich von der Wohnungsgesellschaft erscheint, sie dem Blick zu entziehen.

Meine Straße ist mir niemals richtig fremd geworden: Meine Eltern wohnen noch immer in derselben Wohnung, Hochparterre links, in die sie 1969 eingezogen sind, mit mir als zweijährigem Kleinkind auf dem Arm. 1972 wurde meine Schwester Jenny geboren.

In jenen Jahren herrschte Wohnungsnot, und meine Eltern waren erleichtert, endlich aus einem seelenlosen Hochhauskomplex am Stadtrand herausgekommen zu sein und fortan näher am Zentrum zu wohnen. Bis zur Kieler Innenstadt sind es von der Projensdorfer Straße drei Kilometer; etwa gleich weit entfernt in Richtung Nord-Ostsee-Kanal steht das Gymnasium, an dem meine Eltern zeitweise beide unterrichteten.

Da ich (was ich gern als Antiglobalisierungsgeste deute) nie aus meiner Heimatstadt fortgezogen bin, da ich mich mit meinen Eltern gut verstehe und da sie, wie so viele Großeltern in diesem Land, Hunderte von Malen meine Tochter gehütet und dadurch die Vereinbarkeit von Familie und Beruf gefördert haben, bin ich relativ oft an den Stätten meiner Kindheit. Selbst wenn ich essen gehe: Der beste Chinese der Stadt befindet sich nur wenige hundert Meter von meinem Elternhaus entfernt. Hinter dem Lokal entdeckte ich neulich ein inzwischen arg heruntergekommenes Mehrfamilienhaus wieder, in dem ich als Kind oft zu Besuch war. Ein Junge aus meiner Grundschulklasse lebte dort mit seiner Schauspieler-Mutter und diversen Kommunenmitgliedern. Aus einer gemäßigt linken, einigermaßen unspießigen Familie kam ich ja selbst; dennoch waren mir das absichtsvolle Chaos und die zur Schau getragene Anti-Konsumismus-Haltung dort ein wenig unheimlich.

Der Mitschüler aus der Kommune war, soweit ich mich erinnern kann, der einzige Junge, mit dem ich zu tun hatte. Sonst gab es vor allem Mädchen: Marion und Christina von nebenan, deren Mutter gelegentlich als Tagesmutter für uns einsprang. Sabine und Kristin aus dem zweiten Stock – Kristin stets von einer besonderen Aura umgeben, seit eine Windhose sie auf dramatische Weise aus dem Küchenfenster gerissen haben soll. Dann war da Bärbel, die Tochter des Hausmeisters der benachbarten Kaserne. Unter ihrer Anleitung stiegen wir voller Begeisterung auf Bundeswehr-Lastern herum. Der Zaun, der unseren Hof vom »militärischen Sicherheitsbereich« trennte, war leicht zu überwinden. Im Nachbarhaus wohnten Monika, mit der ich zum Reitunterricht ging, und Kerstin, für deren Vater wir »Willy wählen!«-Buttons verteilten. Meine beste Freundin Britta von schräg gegenüber, bei der ich sowohl Tischfeuerwerke als auch Laugenbrezeln kennenlernte, wurde leider von meiner Seite gerissen und nach Schleswig verpflanzt, weil ihr Vater als Richter ans Oberlandesgericht wechselte.

Von den komplexen Verabredungskalendern heutiger Kinder war noch keine Rede: Wir aßen nach der Schule zu Hause Mittag, machten im günstigen Fall sofort unsere Hausaufgaben und klingelten dann die Freundinnen durch: Kann Christina rauskommen? Ist Andrea da? Irgendwann abends wurden alle wieder hereingerufen, von den Fenstern aus: »Abendbrot!«

Üblicherweise scheinen die Orte der Kindheit geschrumpft zu sein, wenn man sie als Erwachsener wiedersieht. Ich machte, als ich jetzt meine Straße wieder aufsuchte, die gegenteilige Erfahrung: wie viel Platz! Rasenflächen, Gebüsche zum Höhlenbauen und ganz in der Nähe sogar ein Bach und ein Teich. Ich dachte immer, ich hätte eine städtische Kindheit gehabt, aber jetzt würde ich sagen: halb ländlich. Die letzten verkniffenen »Rasen nicht betreten!«-Schilder, die es in den Siebzigern noch gegeben haben mag, sind Anti-Hunde-Schildern gewichen. Man findet Bänke, saubere Sandkisten, sogar Grillplätze. Nur Kinder sieht man nicht mehr viele. Hausbelegschaften sind gemeinsam gealtert, und Nachwuchs ist rar. Oder ist es der Trend zur Ganztagsbetreuung, der Kinder von der Straße fernhält? Ein weiterer Grund könnte Angst sein: Unsere Angst vor Psychopathen, unsere Kenntnis von Opfern wie Levke und Ulrike, die sich nur kurz aus dem Sichtfeld ihrer Eltern bewegt hatten und das nicht überlebten.

Waren unsere Eltern im Vergleich zu uns heute zu

sorglos? Es gab auch früher Gefahren: Leicht hätten wir beim Spielen auf dem Bundeswehrgelände verunglücken können. In der letzten Kriegsruine der Straße, einer zerbombten Villa, stürzten immer wieder Deckenteile ein, außerdem gab es dort zwielichtige Gelegenheitsbewohner. Es gab auch betrunkene Fußballfans, denen man besser nicht in die Quere kam, wenn sie grölend zum Stadion zogen. Auch war der Verkehr nicht, wie heute, auf Tempo dreißig gedrosselt.

Ich glaube trotzdem nicht, dass meine Eltern leichtsinnig waren. Es herrschte einfach eine andere Stimmung in der Gesellschaft, naiver vielleicht, optimistischer sicherlich. Die lustvolle Atom- und Ökoangst kam erst später, in den Achtzigern. Man verließ sich darauf, dass die Kinder vernünftig sein würden – und man durfte darauf hoffen, dass andere Erwachsene uns Kindern im Notfall beistünden. Der Inhaber des A&O-Ladens an der Ecke kannte alle seine Brausepulverkunden mit Namen, und beim Schuhmacher konnte in der Werkstatt warten, wer seinen Schlüssel vergessen hatte. »Schlüsselkinder« gab es viele; der Staat dachte noch nicht an Milliardenprogramme für Schulkantinen und Nachmittagsbetreuung.

Die Zeit war geprägt von einer Aufwärtsdynamik, was sich noch nicht in der Eleganz der Wohnungen ausdrückte, sondern in den Plänen der jungen Familien, die hier einzogen; die Väter meist Polizisten, Lehrer, Richter und Verwaltungsbeamte. Im hässlichsten Gebäude der Straße, einem zwölfstöckigen Hochhaus, quartierte die Universität bevorzugt wissenschaftliche Assistenten und ausländische Stipendiaten ein. Die besten Freunde meiner Eltern lebten dort, ein Pathologe und eine Lateinlehrerin mit ihren zwei Kindern – zwei weitere bekamen sie nach ihrem Umzug ins netteste Villenviertel der Stadt. Die Partys im »Hochhaus« waren legendär, auch ich habe dort später als Studentin gefeiert. Die Mieter trafen sich zum Kochen, asiatische und arabische Aromen zogen durch die Flure, und fast immer fand sich jemand auf dem Gang, mit dem man abends eine Flasche Wein teilen konnte. Eigentlich halte ich das Hochhaus in meiner Straße für eine der ideologischen Bausünden der Sechzigerjahre. Doch sein guter Zustand im Hier und Jetzt – graffitifrei, gepflegt – zeigt, dass ein Massenquartier funktionieren kann, wenn die Bewohner ähnliche Maßstäbe und eine erfreuliche Perspektive für ihr Leben haben.

Dabei will ich die Projensdorfer Straße nicht idealisieren. Sie konnte ungeheuer grau sein an einem Novembertag, wenn das Tageslicht sich um vier Uhr nachmittags verkroch, langweilig und kleinbürgerlich. An einem solchen depressiven Nachmittag lud meine Mutter einmal einfach so eine japanische Familie mit zwei kleinen Kindern in unsere Wohnung ein. Verloren und ziellos waren die vier zwischen den letzten fallenden Blättern umhergewandert. Er, der Vater, arbeitete am Institut für Milchforschung. Sie, die Mutter, fragte sich offenkundig, was ihre Familie in dieses trübe, nasse Land verschlagen hatte. Die Kinder trugen Kimonos, die mir sehr exotisch vorkamen, und als sie sich nicht gleich verbeugten, wurden sie ein wenig geknufft. Es wurde keine Freundschaft daraus, aber eine Art freundliche Bekanntschaft. Würde ich heute Fremde von der Straße zu mir nach Hause mitnehmen?

Einen weitergehenden Blick hinter die Fassaden meiner Straße tat ich als Studentin, und zwar als Volkszählerin 1987. Natürlich hätte ich eigentlich nicht in einem Bezirk eingesetzt werden dürfen, den ich so gut kannte, doch am Ende blieb es aus irgendeiner bürokratischen Unachtsamkeit dabei. Nun traf ich die Leute, die ich üblicherweise nicht auf der Straße sah. Einsame alte Menschen, die mir ihre ganze Lebensgeschichte erzählen wollten. Callgirls bei der Arbeit im privaten »Studio«, die sich nur ungern vom Statistischen Landesamt stören ließen. Hinterhof-Autonome, die ich nur als schattenhaftes Huschen wahrnahm, weil ihr ganzer Ehrgeiz darin bestand, vom »Zähler« nicht angetroffen zu werden.

Junge Akademiker, wie vor fast vierzig Jahren meine Eltern, würden heute wahrscheinlich nicht mehr mit Begeisterung in die Projensdorfer Straße ziehen. Der Geschmack hat sich ausdifferenziert, Altbauwohnungen sind in Kiel schwerer zu finden als anderswo. Neuerdings gibt es auch Tendenzen, den Rand der Kieler Förde für wassernahes Wohnen nutzbar zu machen – oberschick. Viel mehr als früher zeigt heute die Adresse, ob man zu den Menschen mit guten Aussichten gehört. Das muss zulasten der vormals egalitären Wohngebiete gehen. Meine Straße zeigt zumindest an ihrem stadtwärtigen Ende gewisse Ausfransungserscheinungen: Vor dem Penny-Markt, in dem Milch nur wenig mehr kostet als vor zwanzig Jahren und in dem kein Wein mehr kostet als drei Euro, sitzen jetzt öfter als früher Menschen auf dem Boden und trinken Alkohol. Das alte Drogeriefachgeschäft hat ein Erotikmarkt ersetzt, der Zooladen ist einem »Spätkauf mit Lieferservice« gewichen. Seit Jahren behauptet sich der King-Grill. Seine Vorgänger, ein Steakhaus und ein Gourmet-Restaurant, hatten in dieser Lage nie wirklich eine Chance.

Vielleicht erlebt die Straße eine Renaissance, wenn die wenigen Mietshäuser aus der vorletzten Jahrhundertwendezeit aus ihrem Verfall gerissen und renoviert werden. Dann könnte die Gegend wieder an Attraktivität für eine universitätsorientierte Klientel gewinnen. An den kurzen Wegen hat sich ja nichts geändert. Letzte Woche habe ich ein Baugerüst gesehen.

Ulica Kosciuszki 40 in Torun

Zwischen den Blöcken

Von Adam Soboczynski

Polen 1981. Die Solidarność streikt, Lebensmittel werden rationiert, die Eltern möchten nicht mehr Schlange stehen. Sie ziehen mit ihrem Sohn in den Westen.

Nur noch Nummern, keine Namensschilder wie früher. Ich stehe vor den Klingeln des polnischen Hauses, in dem ich aufwuchs, das meine Eltern verließen, als ich sechs war. Sie wanderten mit mir nach Deutschland aus. Vor fünfundzwanzig Jahren. Ein kleiner Mann tritt aus der Haustür des vierstöckigen Wohnblocks, stapft mit schwarzen Stiefeln in den Schnee. Ich frage ihn, ob Grazyna Malinowska noch hier wohnt. Er antwortet nicht, kommt aber näher, drückt auf eine Klingel. Rasch ertönt das Surren des Türöffners. Ich steige die Treppen hinauf.

Wir lebten in der Ulica Kościuszki in Toruń, hundertachtzig Kilometer nordwestlich von Warschau, zweihundertzwanzigtausend Einwohner, verfallene Patrizierhäuser, mittelalterliche Gassen und Kirchen in roter Backsteingotik. In der Altstadt mochte früher niemand wohnen, meine Eltern auch nicht: keine Heizung, die

Bausubstanz marode, die Wände verschimmelt. Das Arbeiterglück lag in unserer Ulica Kościuszki. Am Rande der Altstadt baute der Chemiebetrieb Elana, in dem mein Vater als Maschinenbautechniker arbeitete, eine kleine Arbeitersiedlung. Unser Haus gehörte dazu, vier Stockwerke mit identischen Wohnungen: drei Zimmer, so klein, dass kein Schrank umkippen konnte, eine Küche, Bad, insgesamt achtundvierzig Quadratmeter. Von den Fenstern aus blickte man auf den nächsten, baugleichen Block, dazwischen lag ein karger, asphaltierter Platz mit Spielgerüsten für den sozialistischen Nachwuchs.

Im Mai 1981 sollte uns ein Zug nach Deutschland bringen, nur wenige Monate bevor in Polen der Kriegszustand ausgerufen und die Gewerkschaft Solidarność für Jahre zerschlagen wurde. Wir durften auswandern, da meine Großmutter deutscher Abstammung war. Meine Mutter sprach gebrochen Deutsch.

Ich stand das letzte Mal vor der Ausreise auf meiner Straße, auf dem Platz zwischen den Wohnblöcken. Ich blickte hinauf in die erleuchteten Fenster unserer Wohnung, meine Eltern packten die Koffer. Vater hatte gesagt, ich dürfte ein letztes Mal noch auf mein orangefarbenes Fahrrad steigen, auf dem Platz vor dem Haus, der für Autos gesperrt war. Zwei Schaukeln standen zwischen den Häusern, Turngerüste und eine Sandkuhle gab es. Nach nur einer Runde um die verwaisten Spielgeräte war die Fahrt beendet. Vor der Haustür unseres Blocks stand Grazyna, strich sich blonde Strähnen aus der Stirn. Zeit, sich zu verabschieden.

Grazyna, die Große. Sie war etwa doppelt so alt, zum Zeitpunkt unserer Ausreise dreizehn, ein blondes Mädchen, das in meiner Erinnerung immer strahlend lächeln würde. Wenn sie sich im Sommer trockenen Sand ins Gesicht rieb aus der Sandkuhle und dann lachte und sagte, genau so sei es am Meer. Und die mich mitnahm in das kleine Kino am Rande unseres Bezirks. Wir sahen Filme mit Louis de Funès, mit Untertiteln, die ich nicht lesen konnte. Ich fühlte mich älter als ich war, nahezu erwachsen in dem großen Kinosessel. Grazyna, die mir das Laufen beibrachte.

Das Laufen auf meiner Straße fiel mir noch als Sechsjährigem schwer. Mein linkes Bein war zu kurz geraten. Die Diagnose unmittelbar nach der Geburt: Fehllagerung in der Gebärmutter. Es bedurfte einer künstlichen Beinverlängerung. Das missglückte Bein musste ich schon als Kleinkind in Spitzfußstellung in eine Prothese aus Leder und Stahl stecken, damit mein Rückgrat beim Gehen gerade blieb. Jedes Jahr, des schnellen Wachstums des kindlichen Körpers wegen, gab es eine neue Prothese. Wenn die Hose beide Beine bedeckte und ich stand und nicht etwa unbeholfen humpelte, erahnte niemand, dass in dem linken Schuh ein künstlicher Fuß steckte. Jedes Jahr musste das Gehen neu erlernt werden, widerwillig in einem Fremdkörper.

Grazyna brach meinen Widerstand. Nachmittags, wenn sie von der Schule kam, holte sie mich ab, zwang mich auf den Platz zwischen unseren Blöcken. Sie wohnte zwei Stockwerke unter uns. Die ersten Wochen mit meinem künstlichen Bein, während der Gewöhnungszeit, ging ich an ihrer Hand. Wir machten Pausen auf Bänken, die streng symmetrisch um den Platz angeordnet waren. Einmal erzählte sie, als wir die Beine baumeln ließen, dass ein Junge sie geküsst habe, flüchtig auf die Wange, vor der Schule. Ein anderes Mal, als sie bereits wusste, dass wir auswandern würden, dass der Junge sie nicht mehr küsse und dass sie deshalb fest entschlossen sei, auch auszuwandern nach Deutschland, wo es wenigstens schicke Klamotten gäbe und Orangen, die trösteten. Und dann lachte sie so laut, dass Passanten auf uns blickten, und ich vergaß das beschwerliche Laufen, und sie vergaß den Jungen, der sie nicht mehr küsste.

Die Tür geht ruckartig auf. Der erste Gedanke: Sie hat sich nicht verändert. Die blonden, schulterlangen Haare, der kleine Mund, die wachen Augen. Grazyna stutzt, nach einer Weile: das vertraute Lachen, die zögerliche Frage, ob ich es sei.

Grazyna macht Kaffee, polnischen. Der gemahlene Kaffee wird ins Glas geschüttet und mit kochendem Wasser übergossen. Dann muss man ein wenig warten, bis die *fusy*, der Kaffeesatz, auf den Glasboden herabsinkt. Man kann nicht sagen, dass der Kaffee schmeckt. Er schmeckte nie, aber er macht wach.

Grazyna erzählt, wie sie, nachdem ihre Mutter gestorben war und ihr Vater ein zweites Mal heiratete und auszog, mit ihrem Ehemann die Wohnung kaufte. Dass sie drei Kinder habe, drei Mädchen, zwei gerade in der Schule, das dritte in der Wiege. Dass sie nur einmal darüber nachdachte auszuwandern, damals, als wir fortzogen. Dass sie mit Kreide vom kleinen Balkon aus an die Häuserwand schrieb: »Ich möchte auch in die BRD.« Dass sie daraufhin von ihrem Vater verprügelt wurde. Und dass sie danach nie wieder daran dachte.

Dann schweigt sie eine Weile, nippt am Kaffee, sagt, dass ihr Bruder Janek vor wenigen Wochen verstarb. Und zwar in Deutschland. »Janek«, sagt sie, »den kennst du doch, der nahm dich auf seinem Moped mit, drehte Runden durch die Stadt.« Ich erinnere mich nicht.

Er sei überführt worden, er liege hier, drei Straßen weiter, auf dem Friedhof, sagt Grazyna. Wie so viele habe auch er es nicht mehr in Polen ausgehalten, sei geflohen, 1988, nach Bonn. Die Welt stand ihm offen, ein Meer von Möglichkeiten, der weite Westen. Janek schrieb Briefe, doch der Kontakt, sagt Grazyna, sei schnell abgebrochen: Heroin. Sie erzählt, dass sie hinfuhr, immer wieder, nach der Wende, mit ihrem Mann, dass sie ihn gesucht habe auf den Straßen der damaligen Bundeshauptstadt. Und ihn schließlich traf, am Rande des Bahnhofs, am sogenannten Bonner Loch, wo die Penner sitzen. Ganz kleine Pupillen habe er gehabt. Aber seltsam, sagt Grazyna, nicht wie die anderen Junkies habe er ausgesehen, nicht ausgemergelt, sondern aufgedunsen. »Er war immer so schlank.«

Entziehungskuren folgten, nichts half, dann vor kurzem: Überdosis. Mit vierzig.

Ich wohnte acht Jahre in Bonn, im Zentrum, ich werde ihn gesehen haben … »Und womöglich dich auch«, sage ich zu ihr. »Der Zufall«, erwidert Grazyna knapp, sie lächelt wieder, »hat uns verpasst.«

Als meine Eltern den Aufbruch in den Westen beschlossen, saßen sie in der Küche. Rauchend. Vater wollte weg. Mutter sagte, während sie energisch eine Zigarette ausdrückte, so schlecht gehe es uns doch nicht. So schlecht nicht, dass ein neues Leben zu wagen sei. Selbst das Auto, ein Fiat Polski, sei in greifbarer Nähe, bereits bezahlt, auf einer Auslieferungswarteliste, nur noch wenige Jahre, dann sei es so weit. Dann blickte sie aus dem Fenster auf unsere Straße. Vater sagte: »Willst du in den Schlangen stehen, ein Leben lang?«

Mit Lebensmittelmarken in der Hand stand Mutter, die Schneiderin, vor Geschäften. Eineinhalb Kilogramm Fleisch gab es für jeden Erwachsenen pro Monat, ein wenig Wodka, ein wenig Gemüse und Obst. Die Wirtschaft Polens drohte zu kollabieren.

Vater sagte, er habe Angst, schließlich sei er in der Solidarność, die Kommunisten würden bald wüten. Mutter erwiderte: »So viele in diesem Land sind in der Solidarność.« Wir würden das aushalten. Vater: »Der Junge wartet auf eine Operation. Das Bein. Die Krankenhäuser in Deutschland sind besser.«

Am Abend kam Mutter an mein Bett, zog die Decke zurecht, sagte: »Wir werden bald nie mehr in Schlangen stehen.«

Nur wenige Monate später, am Abend unserer Abreise, wurde mein Fahrrad an ein Nachbarskind übergeben. Auf meiner Straße. Es hatte nur ein Pedal für das gesunde, das rechte Bein. Das linke Pedal hatte mein Vater abmontiert, er übergab es separat, in eine Stofftasche eingewickelt. Dann fuhren wir in einem Taxi zum Bahnhof. Es war, damals äußerst selten, ein alter, weißer Mercedes. Vater saß mit mir auf der Rückbank, sagte: »Siehst du, wir sind schon fast in Deutschland.«

Bereits in Gestalt von Onkel Ryszard hatte der Westen gelockt. Immer im Sommer stand sein Besuch an. Der Bruder meiner Mutter, damals Mitte zwanzig, war vor uns nach Deutschland gezogen. Um seinen Ford Taunus, mit dem er aus dem unbekannten Land kam, scharten sich die Arbeiter der Elana, unsere Nachbarn. Sie inspizierten die mächtige Kühlerhaube, spuckten im Takt auf die Straße, sprachen über Zylinder und Umdrehungszahlen. Und immer wieder starrten sie ins Wageninnere. Onkel Ryszard öffnete den Kofferraum, schwere Kisten waren darin, die er in unsere Wohnung trug, an den Nachbarn vorbei. Er packte sie aus, beherzt, verstreute ihren Inhalt auf dem Teppichboden. Und machte Fotos. Mit einer Polaroid. Auf der einzigen Farbfotografie, die mich in Polen zeigt, sitze ich auf dem Boden, umringt von buntverpackter Schokolade, Südfrüchten und Waschpulverpackungen.

An meine polnische Kindheit denke ich in Schwarzweiß. Vermutlich liegt es an den vergilbten Fotografien, die ich mir in Deutschland anschaute und die meine Kindheitserinnerungen nach und nach entfärbten. Ich erinnere mich nicht an Freunde, außer an Grazyna. Kein Wettrennen um den Block mit Gleichaltrigen, dem ich hätte standhalten können. Ich erinnere mich an eingemachte Gurken auf dem Fensterbrett unserer Küche und an den Wodka meines Großvaters, schwarz gebrannt, verschlossen im Wohnzimmerschrank. Ich erinnere mich an die Päckchen aus dem Westen, die, sorgfältig vor den Blicken der Nachbarn und Freunde geschützt, unter dem Ehebett meiner Eltern lagerten: Kaffeepulver und Süßigkeiten, auch D-Mark-Scheine waren darin und Pullover und Jeans, die wir nur an Festtagen anzogen. Ich erinnere mich an den Zigarettenrauch abends in unserer Wohnung, wenn Nachbarn vorbeikamen und über die Kommunisten klagten, an ihre Stimmen, an das laute Murmeln, bei dem ich gut einschlafen konnte.

Grazyna schiebt den Kinderwagen. Wir setzen uns auf eine Bank zwischen den Blöcken, eingehüllt in Winterjacken. Sie blieb immer in dieser Straße, heiratete früh. Sie sagt, genau das, was sie habe, einen Mann, drei Kinder, diese Stadt, in der sie lebe, das sei doch ein großes Glück. Ihr Leben scheint so sanft gebettet wie der Schnee auf unserer Straße.

Die Polen hatten ihre kommunistischen Machthaber aus bürgerlicher Gesinnung heraus zermürbt: in Massenprotesten, mit dem Papst als heimlichem Anführer. In der Bundesrepublik, in der ich aufwuchs, im großstädtisch-studentischen Milieu der Post-68er-Emanzipation, wäre Grazyna vermutlich noch heute das Gegenbild von individuellem Glücksversprechen. Keine Beziehungsexperimente und kein rastloses Sehnen prägten ihr Leben, sondern frühe Sesshaftigkeit. Sie ist mir fremd geworden.

Grazyna, nur wenige Stunden nach unserem Wiedersehen, hat sich vom Bild gelöst, das ich als Kind von ihr hatte. Vermutlich hätte ich auf irgendeine Klingel meines Hauses drücken können. Mit einer beliebigen siebenunddreißigjährigen Mutter auf der Bank meiner Straße sitzen können. Um über die letzten fünfundzwanzig Jahre zu sprechen. Nur dass nichts zerstört worden wäre. Es gibt Wiedersehen, die sind trauriger als jeder Abschied. Sie greifen die Bilder der Vergangenheit an, entwerten das, was wir mühsam konservierten: unsere verklärte Erinnerung.

Zum Abschied wird sich umarmt.

Der Zug brachte uns zunächst nach Friedland, ein deutsches Auffanglager an der Grenze. Es war überfüllt. Wir schliefen in einem Achtbettzimmer zusammen mit anderen Aussiedlern aus dem Ostblock. Es wurde gestempelt, es wurden deutsche Pässe ausgegeben und Begrüßungsgelder ausgehändigt. Große, bunte Scheine.

Wir standen in einer Schlange, warteten auf die Essensausgabe. Mutter sagte, halb scherzend, wir würden bald nie mehr in Schlangen stehen.

Vater mochte den Rhein, er hatte ihn auf Bildern gesehen. Wir zogen nach nur einer Woche an den westlichen Rand der Republik, nach Koblenz. Nur wenige Monate nach unserer Ankunft wurde ich operiert. Es gibt Tage, da sind sie mir wieder erinnerlich, die Bilder karger Krankenhausgänge, die fremde Sprache der Schwestern nur ein Geräusch, der beißende Geruch von Putzmitteln, mein kindlicher Blick aus dem Krankenbett, aus dem Fenster hinaus auf einen satten Rasen, auf blühende Bäume im Park, der das Klinikum wie ein Speckgürtel umgab. Meine Eltern brachten Schokolade. Vater sagte, bald wird alles besser. Auch das Gehen, das Bein sei nun stabiler. Er hatte recht. Meine Straße lag in weiter Ferne.

Markt 8 in Minden

Unser Logenplatz

Von Iris Mainka

Die Sechzigerjahre am Marktplatz in Minden: kein Garten zum Spielen, aber ein Balkon mit Blick auf das Stadtleben.

Bei Anflügen von Heimweh sah ich später oft meinen Schulweg vor mir. In der Erinnerung hat er Farben wie auf einem verblassten Foto. Er führte vom Markt unter den zugigen Rathausarkaden entlang rechts am Dom vorbei zur katholischen Schule hinüber. Kaum dreihundert Schritte können das gewesen sein, dreihundertzwanzig vielleicht für kurze Kinderbeine. Es war der erste Weg, den ich allein gehen durfte. Nach der Probezeit: Drei Wochen lang beschattete mich meine ängstliche Mutter – in zwanzig Meter Abstand. Wenn sie mir zu nahe kam, machte ich wilde Handzeichen. Klar konnte ich vorm Dom »richtig über die Straße gehen«, blöde Frage!

Tatsächlich wäre ich am zweiten »Alleine-Tag« fast unter den Bus gekommen. Alle paar Minuten bog einer mit Schwung um die scharfe Kurve am Kleinen Domhof, dem Platz vor dem Gotteshaus. Von den quietschenden

Bremsen, dem brüllenden Busfahrer und meinen Tränen habe ich zu Hause nichts erzählt. Sonst wäre es mit der ersehnten Freiheit erst mal wieder vorbei gewesen. So ein Beinaheunfall kam auch nie wieder vor, mein tiefer Respekt vor Bussen hält bis heute an. Nach hinten gucke ich nur noch selten, um festzustellen, ob mir auch wirklich niemand folgt.

Unsere Adresse gefiel mir sehr. Markt 8, das klang kurz, bündig und zentral, das musste man niemandem buchstabieren. Eine gute Geschäftsadresse – mein Vater war Apotheker und elf Jahre lang, bis 1973, Pächter der alten Mindener Löwen-Apotheke. Sie kommt schon gegen Ende des Dreißigjährigen Krieges in der Stadtgeschichte vor: als zweite Apotheke am Ort, 1645 erstmals verpachtet an einen Herrn Jacobus Moeys, wie ich heute nachlese. Die dem Haus vorgebaute Fassade aus rotem Backstein mit dem hohen Giebel und den grün und schwarz lasierten Steinen stammt von 1899, ebenso die kunstvoll eichenholzgeschnitzte »Offizin«, der denkmalgeschützte Verkaufsraum der Apotheke. Wir wohnten im ersten Stock. Jahrhundertwende also. Eigentlich gar nicht so lange her. Als Kind kam mir das alles unendlich alt und kostbar vor.

Der Marktplatz, der Kleine Domhof, die Einkaufsstraßen Scharn und Bäckerstraße – wo wir vor vierzig Jahren auf den Verkehr achten mussten, ist längst alles »fußläufig«, so heißt das im Amtsdeutsch. Der Einheitslook der Fußgängerzonen hat auch Minden mit seinen vierundachtzigtausend Einwohnern erfasst. Von Bijou

Brigitte bis Douglas beherrschen die üblichen Verdächtigen den Stadtkern. Verdrehte Welt: Die Verkehrsfreiheit von heute hätten wir damals brauchen können! Jetzt sind hier keine Schulkinder mehr unterwegs, die Domschule ist vor Zeiten umgezogen.

Gleich neben ihr lag der katholische Kindergarten. Eigentlich hatte ich da hingehen sollen. Aber bei der Anmeldung waren die Nonnen meiner Mutter, die anders als mein Vater evangelisch war, »dumm gekommen«, das erzählte sie gern. »Eine Mischehe? Dann wird's aber Zeit, dass das Kind in die richtigen Hände ...« – »Ach, das glaub' ich nicht!«, hat meine Mutter gesagt, meinen Arm geschnappt und mich hinausgezogen.

So kam es, dass ich bis zur Einschulung sehr oft im Haus und draußen vorwiegend an der Hand meiner Mutter lebte. Außer meiner großen Schwester bekam ich kein anderes Kind regelmäßig zu Gesicht. Ich fand das normal. Was man nicht kennt, kann einem nicht fehlen. Familien gab es nicht in der Nachbarschaft, nur in der Wohnung über uns Herrn Spanier, den Fußpfleger, und seine Frau.

Herr Spanier hatte, trotz seiner vermutlich sehr gepflegten Füße, einen »schweren Tritt«, was in diesem Altbau mit knarzendem Parkett die Darunter-Mieter zu eher unfreundlichen Gedanken trieb. Still war es nie in unserer Wohnung. Nach links sah man zum wieder aufgebauten Rathaus hinüber, dessen Laubengang aus dem 13. Jahrhundert die Bomben des Krieges verschont hatten; rechts war ein Tabakladen (»Kind, besorg mir mal eine Stange Overstolz!«); gegenüber das kleine Kaufhaus Becker, wo wir Bleistifte und Radiergummis als Gewinne für Kindergeburtstage kauften. Und dann, neben dem »Deutschen Kaiser«, aus dem es nach Kneipe stank, das ganz anders als heute eher schäbig wirkende Victoria-Hotel.

Dort habe ich mir ein Zimmer geben lassen, nach vorn raus, es ist sehr hübsch und hell. Ich sehe zu Markt 8 hinüber. »Krane Optic« steht da, wo früher »Löwen-Apotheke« stand. Im ersten Stock sind keine Gardinen mehr, ein Rechtsanwalt hat dort seine Kanzlei, am Markt wohnt kaum noch jemand. Wo ist Kaiser's Kaffeegeschäft, wo Pelze-Loos, wo der Laden mit den Scherzartikeln? Es ist, als blickte ich auf eine Bühne mit altvertrauter Kulisse, in der eine neue, etwas matte Inszenierung abläuft. Außerdem habe ich als Zuschauer einen ungewohnten Sitzplatz. So lange war ich nicht mehr hier, dass die aufsteigenden Erinnerungen sich zu einem dicken Kloß im Hals verdichten.

Mittags, wenn wir Kinder »Ruhe halten« mussten, habe ich oft aus dem Wohnzimmerfenster geguckt. Das war überhaupt nicht langweilig. In den Sechzigerjahren diente der Mindener Markt noch als Knotenpunkt für sämtliche innerstädtischen Buslinien, sie gingen in Richtung Barkhausen, Rodenbeck, Meißen. Der Apotheke kam das zupass, die Leute warteten an den Haltestellen und kauften schnell noch ein Fläschchen Doppelherz. Mit Ausdauer hockte ich oben auf meiner meterbreiten Fensterbank und buchstabierte, was auf den Bussen stand: »J-ä-g-e-r-m-e-i-s-t-e-r.«

Strichlisten legte ich auch an: Wie viele rote, blaue,

grüne Autos standen an den fünfzehn Parkuhren in der Mitte? Meist führte die Farbe Beige. Die Taxis trugen noch Schwarz und hatten eine Panzerglasscheibe zwischen Fahrer und Gast. Sie hielten ganz rechts vor Nummer 20, dem Bekleidungshaus Flamme, wo später eine Neckermann-Quelle-Filiale einzog. Auch so ein auf uralt gemachter Bau, echt imitiertes Fachwerk. Aber einen Löwen gab es nur vor unserem Fenster! Im Winter trug er eine Schneekappe, die von Tag zu Tag grauer wurde. Ich erinnere mich an das Geräusch und an den Geruch vor sich hin dieselnder Busmotoren, die weiße Rauchfahnen in die Kälte schickten.

Im Sonntagsdienst durften wir meinem Vater in der Apotheke Gesellschaft leisten. Zogen die schweren Schubladen auf, knackten im Mörser Nüsse, wogen auf der kleinen Metallwaage Pullmoll-Bonbons ab und drehten vorn am Tresen (»Jetzt ist aber Schluss!«) Nachschub aus dem Spender. Im Labor hinten gab es manchmal medizinisch riechende Salben zu rühren (»Linksrum, aus dem Ellbogen heraus«), die Apothekerzeitungen stapelweise auf Kante zu falten und die ekligen schwarzen Blutegel zu betrachten, von denen sich zehn bis zwölf an den Wänden eines großen Glases festsaugten. Magnetisch zogen sie mich an. Ist der Anblick von Blutegeln für Kinder unter zehn Jahren eigentlich freigegeben? Ich träumte von ihnen. Heute frage ich mich, ob diese Minivampire überhaupt jemals zum Einsatz kamen.

Mittwochnachmittags und an den Wochenenden war »unten« geschlossen. Dann durften wir »oben«, im ersten

Stock, sogar Rollschuh fahren. Der acht Meter lange Flur mit seinem weinroten Linoleum, eigentlich ein dunkles, schlauchartiges, architektonisches Ärgernis, eignete sich hervorragend. Um Rad fahren zu lernen, musste ich allerdings meine Freundin in den »Bärenkämpen« besuchen, das war Mindens große Neubausiedlung und für mich ein geliehenes Kinderparadies.

Unser Balkon spielte eine wichtige Rolle in meiner Innenstadt-Kindheit. Zwar ist er nicht größer als ein Fahrstuhl, aber wenn alle zwei Jahre im Sommer eine ganze Woche lang »Freischießen« war, das Mindener Schützenfest, fühlten wir uns da oben wie die Pokalsieger. Mit Girlanden und Birkengrün waren die Häuser im Stadtkern geschmückt, rot-weiße Fahnen wehten an den Fassaden. Mein Vater kleidete sich in Frack (»Passt er denn noch?«) und Zylinder, um mit einer Nelke im Knopfloch und einem Holzgewehr im Arm leicht widerstrebend seinen Platz im aufmarschierenden »Bürgerbataillon« einzunehmen.

Heute würde man das, was er da tat, wohl Networking nennen. Am schulfreien Haupttag des »Freischießens« zogen Mindens Bürger, begleitet von mehreren Musikkapellen und der berittenen »Eskadron« mit ihren Trommelwirbeln, in Kompanien eingeteilt durch die Straßen und unter unserem Balkon entlang: »Papa hat gewinkt!« Das war ein bisschen wie Karneval; auf jeden Fall war es der feierliche Ausnahmezustand, den Kinder lieben, und es diente der alkoholgestützten Verbrüderung der Stadtgesellschaft. Meine Mutter mahnte jedes Mal eindringlich, dass mein Vater bloß nicht aus Versehen Schützenkönig werden möge: »Günter, da musst du für alle einen ausgeben, das wird zu teuer!«

Nacht für Nacht wachte ich, wenn »Freischießen« war, gegen zwei Uhr auf, weil man schon von weitem die Musikkapelle hörte. Sie zog mit den letzten zwei Dutzend Tänzern und Trinkern im Schlepptau von »Kanzlers Weide« an der Weser in Richtung Marktplatz. Hier gab es den allerletzten Tanz, ehe sich die Johlenden und Torkelnden lautstark zerstreuten. Oft hörte man Leute an die Hauswand pinkeln. Zitternd vor Kälte und Aufregung standen meine Schwester und ich im Schutz der Dunkelheit an der Balkontür, verrenkten uns die Hälse und hofften, dass unser Vater in dieser Nacht schon nüchtern im Bett lag.

Seit Jahren stehen die Festzelte nicht mehr an der Weser, sondern gleich auf dem Marktplatz. Nur dort kommen noch genügend Besucher; auch die Mindener trinken inzwischen lieber zu Hause vorm Fernseher. Um neue aktive Schützen zu rekrutieren, hat man eine »Junggesellenkompanie« erfunden und das ganze Spektakel auf ein langes Wochenende verkürzt.

Auf dem Balkon standen wir auch, als um Ostern 1970 ein Hauch von 68 durch Minden wehte: Protest, organisiert von Schülern, Lehrlingen und Studenten, gegen eine als »unverschämt« empfundene Preiserhöhung bei Busfahrscheinen und Monatskarten. Die »Aktion Roter Punkt« versetzte den Marktplatz in beinahe revolutionären Aufruhr, den erstaunlicherweise sogar der Bürgermeister und die Polizei unterstützten. Wer sich einen roten Punkt an die Windschutzscheibe klebte, und das waren viele, zeigte sich bereit, sein Privatauto mit Fahrgästen voll zu laden und die EMR-Busse zu boykottieren. »EMR« – Elektrizitätswerke Minden-Ravensberg – wurde auf den Transparenten übersetzt mit »Ein Monopol räubert«. Die Aktion Roter Punkt funktionierte von Tag zu Tag besser und nötigte sogar meinem Vater, der mit Skepsis vor die Tür seiner Apotheke getreten war, einen gewissen Respekt ab. Mit den Langhaarigen und den Bärtigen hatte er sonst nichts am Hut. Nach elf Protesttagen, lese ich im Archiv des Mindener Tageblattes, knickten die EMR ein und kehrten zu den alten Fahrpreisen zurück. Die Erhöhung kam trotzdem – im nächsten Winter.

Von heute aus kommt es mir so vor, als sei in diesen Jahren manches zu Ende gegangen, unter anderem meine Kindheit. Wenig später ließen wir nach dem Tod meines Vaters den Marktplatz, den Balkon, das knarzende Eichenparkett hinter uns und zogen zu dritt in eine Neubauwohnung.

Gespannt betrete ich den Krane-Optic-Laden, Markt 8. Die alte Offizin gibt es noch, die Schubläden und Schaukästen sind jetzt dekorativ mit Brillen bestückt. Dann stehe ich nach dreiunddreißig Jahren wieder in dem engen Hinterhof: knapp zweihundert feuchte, schattige Quadratmeter, es gab dort eine Schaukel und eine Sandkiste mit vielen Ohrenkneifern. Beides ist weg, natürlich, aber sonst hat sich hier nichts verändert.

Das dichtbewachsene Hinterhaus war für uns ein unheimlicher Ort. Ein dreistöckiger Fachwerkspeicher aus dem 17. Jahrhundert lehnt sich unmittelbar an die große mittelalterliche Stützmauer zur Oberstadt, die sich hinter der ganzen westlichen Längsseite des Marktes entlangzieht. Nur das Erdgeschoss durften wir betreten. Links war gleich eine Waschküche mit einem riesigen eingemauerten Kessel. Er ist noch da! Der morschen Holztreppe nach oben fehlten einzelne Stufen, hinaufzusteigen war verboten, wir hielten uns ängstlich daran. Der modrige Geruch, die dicken Spinnweben, die aufgebrochenen Zimmerdecken, aus denen das Stroh quoll, schummriges Licht, alles unverändert. Wenn es Zeitreisen gäbe, hier wäre der perfekte Ort zum Starten.

Was ich nicht wusste und mir jetzt Friedrich Wilhelm Steffen, der Leiter des örtlichen Kulturamts, erzählt: In diesem Hinterhaus wohnte Ernst Lindemeyer mit seiner Familie, nachdem er 1939 wegen seiner jüdischen Herkunft gezwungen worden war, seine Apotheke und die Wohnung im ersten Stock dem ehemaligen Angestellten Voß zu überlassen. Später mussten er und seine Frau ins Judenhaus umsiedeln. Im Dezember 1941 wurden sie nach Riga deportiert und dort ermordet. Ihr damals neunzehnjähriger Sohn Herbert konnte sich nach Philadelphia retten und hat 1989 vermutlich in diesem Hinterhof gestanden, ähnlich wie ich heute. Da hatte die Stadt Minden alle Überlebenden, deren Adresse sich ausfindig machen ließ, zu einem Besuch in ihre frühere Heimat eingeladen. Es kamen siebenundvierzig Menschen, und einige wenige samt Kindern und Enkeln kommen bis heute immer wieder her.

Die alte Frau Voß übrigens war unsere Vermieterin. Wir mochten sie nicht, meine Schwester sagt, sie sei »dünnlippig und säuerlich« gewesen. Hochbetagt, hat sie 1991 das Haus Markt 8 an den Optiker Franz-Josef Krane verkauft.

Abends im Hotel kann ich nicht schlafen. Als ich zum Fenster gehe, ist es fast zwei Uhr. Die sorgfältig renovierte Fassade von Nummer 8 wird angestrahlt. Jeden Sommer soll es inzwischen auf dem Markt ein großes Jazzfest geben, und die Cafés und Bistros stellen beim ersten Sonnenstrahl die Stühle raus. Ein paar Freitagnachtschwärmer überqueren den Platz in Richtung Rathaus. Ich sehe sie reden und lachen, aber es wirkt wie eine Pantomime. Durch die Schallschutzscheiben dringt kaum ein Laut.

Monhofsfeld 68 in Wuppertal

Wir wohnten in Legoland

Von Burkhard Straßmann

Monhofsfeld

H
Monhofsfeld
650

Auf der Suche nach Lebenszeichen in einem Wuppertaler Vorort: Die Kneipe hat zugemacht, dafür gibt es jetzt einen ganz speziellen Massagesalon.

Keine Straße. Keine Gasse. Kein Weg. Ein Feld! Monhofsfeld. Den Monhofs gehörte früher halb Ronsdorf, und über Ronsdorf sollte man vielleicht sagen, dass es eines Tages plötzlich Wuppertal 21 hieß. Das nur zur Orientierung, kein Ronsdorfer würde freiwillig über Wuppertal reden. In Ronsdorf sieht man bis heute gelbe Ortseingangsschilder, Fälschungen natürlich, auf denen steht RONSDORF, darunter STATT WUPPERTAL. So viel zu den Ronsdorfern.

Im Monhofsfeld gibt es, sagt das Internet: 1 Dackelzüchter. 1 Feng-Shui-Berater. 1 Schimmelpilzbefall im Oktober 2003 in der Kindertagesstätte, Ursache: »Kältebrücke in der Höhe der Außentreppe« (Information der CDU Ronsdorf). Außerdem musste laut *Ronsdorfer Sonntagsblatt* Ende Februar 2004 die Freiwillige Feuerwehr ausrücken, weil »in der Straße Monhofsfeld aus einer Anpflanzung heraus ein leichter Gasgeruch zu vernehmen« war. Doch der Gasmesswagen konnte kein Gas messen, auch war bald nichts mehr zu riechen, und »nach einer Stunde war auch das letzte Fahrzeug wieder im Gerätehaus«.

Ich war lange nicht mehr da. Ich erinnere mich an einen verschlafenen Vorort einer langweiligen Stadt. Eine Sackgasse namens »In der Krim«. An deren Ende, umrauscht von einem Wäldchen des Ronsdorfer Verschönerungsvereins, also wirklich und wahrhaftig am Arsch der Welt, eine Siedlung in Form einer Acht. Ein- und Zweifamilienhäuser und ein Hochhaus, über das man heute lachen würde, weil es nur vier Stockwerke hat. Ich habe dreizehn Jahre meines Lebens, von fünf bis achtzehn, in der Siedlung verbracht oder auch verpennt, und nie war was los. Und was ist heute? Noch immer nichts los. Doch halt, hier, www.schokoladenmassage.de: Schokomassagen. Tantramassagen. Sinnliche Ganzkörpermassagen. Ein paar Links weiter sogar »anale Heilungsmassagen«, bei Männern einschließlich Prostata. Anschrift: Monhofsfeld 118. Donnerlüttich, vielleicht gibt es ja doch etwas über diesen Ort zu sagen.

Auf Herrn Monhofs leicht abschüssigem Feld haben Ende der Fünfzigerjahre Leute mit vielen Kindern, Leute ohne Bein oder Leute ohne Heimat gesiedelt. In der damals topmodernen Wohnform Reihenhaus. Gebaut hat die Gemeinnützige Wohnungsbaugesellschaft, ein städtisches Unternehmen, entsprechend den Ideen des sozialen Wohnungsbaus, wie sie nach dem Krieg formuliert wurden: soziale und ethische Gesundung des deutschen Volkes durch Verbesserung der Wohnverhältnisse; Gesundung der deutschen Wirtschaft, weil beengte Wohnungsverhältnisse die Arbeitsleistung mindern. Bekämpfung der Arbeitslosigkeit, weil die Bauwirtschaft als Schlüsselindustrie galt. Das Ziel: 1,8 Millionen Wohnungen in sechs Jahren, Schwerpunkt Eigenheime, zack, zack. Und billig musste es sein.

So sahen die Häuser auch aus. Genauso wie meine Legohäuser damals. Zwei Etagen, Tür, Fenster, Dach, handtuchgroßer Garten. Fertig. Dreißigtausend Mark hatten meine Eltern für gut achtzig Quadratmeter Wohnfläche bezahlt (die Häuser werden heute für hundertneunundsechzigtausend Euro gehandelt). Kreditgeber war das BHW, damals noch bekannt als Beamten-Heimstätten-Werk. Vater hatte genügend Kinder, fünf, so kam auch er, ein Stadtinspektor, in den Genuss eines geförderten Häuschens im Grünen. Von 1958 bis 1971 sollten wir dort wohnen, dann zog Familie Straßmann in die Einflugschneise von Köln-Wahn.

Ich fahre die Krim hoch. Aha, das TORO ist futsch. Die »Tonhalle Ronsdorf« war das Kino. Auf dem Weg zur Schule guckte ich mir gelegentlich sündige Bilder an, was natürlich am Samstag in der Kirche zu beichten war. Jetzt ist ein Textildiscounter drin. Zweihundert Meter weiter links die Villa von Moog, einem Feuerwerksfabrikanten. Manchmal hatten wir ein Gratisfeuerwerk am Himmel, wenn Moog seine Testraketen abschoss. Der Junior war in meiner Schule. Eine Sensation für Ronsdorf war, dass ihn ein Chauffeur brachte und abholte. Die Firma existiert lange nicht mehr, das Geschäft machen jetzt die Chinesen. Eine Kurve, links und rechts die Andeutung einer Böschung. Hier war eine Brücke für die Straßenbahn, die Ronsdorf mit Restwuppertal verband. Es gab beim Monhofsfeld keine Haltestelle. Mein Vater sprang meist in einer langsam durchquietschten Kurve ab. Einmal kam er abends völlig zerkratzt von der Arbeit. Die Bahn war zu schnell gewesen.

Ich biege in meine Straße. Und habe ein merkwürdiges Erlebnis: Ich finde keinen Parkplatz.

Dreimal muss ich um die ganze Siedlung fahren. Dabei ist schon die Wiese am Hochhaus, wo wir früher nicht spielen durften, asphaltiert und zum Parkplatz umgewidmet. Spielplatz war damals die Straße. Niemand stellte sein Auto am Straßenrand ab. Heute parkt hier eine Karre an der anderen. Monhofsfeld ist mittlerweile eine Einbahnstraße, die Straße ist zu eng für Gegenverkehr. Vaters erster Wagen, ein hellblauer Opel Rekord B, hatte immer denselben Parkplatz. Man brauchte nie einen zu suchen, er war sowieso frei.

Ich laufe rum. Ich rieche Erbsensuppe. Klar, ist ja Samstag. Eine Mutter ruft aus dem Fenster: »Janek, essen kommen!« Alles wie immer. Intim. Ein hohes Maß an sozialer Kontrolle, mit einer guten und einer schlechten Seite. Die Nachbarn wissen, wann Fleisch im Topf ist und warum. Die Kinder kann man laufen lassen, sie müssen erst rein, wenn abends die Straßenlaternen angehen. Denn wer hier ist, gehört hierher. Und wer nicht hierher gehört, wird angesprochen. Ich schlendere hinter dem Hochhaus herum. »Suchen Sie was?«, fragt eine ältere Frau, und auf einmal fällt mir ein, dass ich ein älterer Mann bin, der rumhängt und sich verdächtig macht, und kein Kind mehr, das überall träumen darf. Ich mache mich noch ein wenig verdächtiger und frage nach dem Massagesalon. Kennt sie nicht.

Hier, am Hochhaus, war mal ein Hang, das war unser Ski- und Rodelberg. Ist futsch. Neubauten. Von hier aus blickte man damals auf ein flaches Gebäude, auf dessen Dach kindshohe Lettern standen, die das Wort MUSNOK bildeten. Das klang fremd-vertraut nach Mus und Nuckeln, gleichzeitig nach russischem Eintopf vielleicht. MUSNOK ist auch futsch.

Unser Haus. Einen Betonplattenweg runter, vorbei an Nummer 66, hier wohnte Frau Gerichtssekretärin Rudersdorf. Dann die Nummer 68. Äußerlich fast Originalzustand. Die meisten Häuser sind ja heute unter dem Diktat der Wärmedämmung und dem Zwang zur individuellen Entfaltung unansehnlich geworden. Früher waren sie schlicht, aber stilistisch aus einem Guss. Heute herrscht ein heilloser Stilwirrwarr. Die meisten Siedlungshäuser sind jetzt plastikverkleidet (weißer Klinkerlook) oder mit Faser- beziehungsweise Schieferplatten behängt. Bergische Heimatstilzitate, furchtbar. Oder alles ist frisch saniert und bonbonbunt. Fette Gauben drücken sich aus den Dächern. Unser Haus ist oben altrosa und unten beige. Kratzputz.

Frau Zimmer, zweiundachtzig, lässt mich rein. Sie ist fast blind, aber fit, war im letzten Jahr in New York, nächstes Jahr will sie nach Las Vegas. Ich darf mir alle

Zimmer ansehen. Zur gesetzlichen Mindestausstattung der Siedlungshäuser gehörten damals laut Wohnungsbaugesetz fließendes Wasser, WC drinnen oder draußen, Rauchrohranschluss und je eine Steckdose pro Zimmer sowie eine »separate Abstellmöglichkeit für Besen, Eimer und ähnliche Haushaltsgegenstände«. Letzteres war bei uns eine kleine Besenkammer neben der Küche, in die wir Kinder reinkamen, wenn wir Theater machten, zum Beispiel weinten, weshalb die Kammer Weinhäuschen hieß. Das Weinhäuschen ist weg. Das Weinhäuschen ist ein ewiger Streitpunkt in der Familie. Meine Mutter sagt: Ihr übertreibt! Wir Geschwister finden, das war keine nette Pädagogik.

Die Küche ist kleiner geworden, das Wohnzimmer hat gewonnen. Damit die maximale Wohnfläche nicht überschritten wurde, haben die Architekten damals die Wohnzimmeraußentür, die in den Garten führt, nach innen versetzt. Dadurch entstand ein Raum, der einen sehr schicken italienischen Namen trug: die Loggia. So was Modernes hatte längst nicht jeder, es war das einzige Luxuselement an diesen Häusern. Und ein Signal: Die schlechte Zeit ist vorbei. Italien ist nah!

Oben, im ersten Stock, hat der selige Herr Zimmer eine Wand weggerissen und aus zwei winzigen Butzen ein normales Schlafzimmer gemacht. Unvorstellbar, dass hier mal sieben Menschen lebten und Goldhamster, Wellensittiche, ein Eichelhäherbaby, ein Igel und auch mal zwei Küken, die leider zu Hähnen wurden, was die Nachbarschaft nicht ertrug. Eines Tages waren meine Hähne verschwunden, die Details will ich heute noch nicht wissen. Ja, die liebe Nachbarschaft! Die Wände zwischen den Reihenhäusern hatte man sich seinerzeit vermutlich komplett gespart, sie dürften nur aus zwei Tapetenschichten bestanden haben. Jedenfalls trieben wir Kinder die alte Frau Rudersdorf und ihren ganz alten Vater mit unserem Krach regelmäßig in den Wahnsinn, woraufhin sie sich beschwerten, was wiederum unserer Mutter den letzten Nerv raubte. Wenn ich mich an ein charakteristisches Geräusch aus dieser Zeit erinnere, ist es das mütterliche Psssst!

Wir lebten damals im Monhofsfeld in einer Art doppelter Isolation. Da war die Insellage am Weltenarsch im Wald. Und dann eine erstaunliche Isolation innerhalb der Siedlung. Obwohl so viele Kinder ringsum waren, blieben wir unter uns, vielleicht, weil wir Straßmanns ja Spielkameraden genug waren. Oder aus Dünkel? Fast alle Nachbarn erschienen uns irgendwie komisch. Das Ehepaar Durau gegenüber war, was mir immer als Krankheit erschien, kinderlos. Wir Kinder haben fast alle unsere Milchzähne in ihren Garten geworfen, keine Ahnung, warum.

Speers waren Wandervögel. Erlenbruchs hatten sechs Kinder, Dagmar soll im Stehen an einen Baum gepinkelt haben. Sigrid Müller, zwei Reihen weiter, hat mich gekniffen. Die Beuls nebenan hatten eine geistig behinderte Tochter, die man fast immer mit zwei Stöckchen spielen sah. Bei uns kursierte die Theorie, dass mein kleiner Bruder aus Angst vor ihr zu stottern begann und die

»Lispelschule« besuchen musste. Dann hatten Beuls noch einen großen Sohn, Karl-Heinz, der auf dem Klo ein entsetzliches Kraut rauchte. Roth Händle, glaube ich. Außerdem sagte man bei Beuls »dat« und »wat«, das sollten wir uns erst gar nicht angewöhnen. Hartmut Fischer hatte Pomade in den Haaren und galt als jähzornig, was fast so schlimm war wie vorlaut zu sein. Und Kehls waren gar Vegetarier, ihre Kinder aßen aufgrund des Fleischmangels angeblich Regenwürmer. Ich blieb gern im Haus oder spielte im Gärtchen, und wenn, ging ich in den Wald, wo ich aber immer Angst vor dem Förster hatte und vor Jungs, die mit einem Strohhalm Frösche aufbliesen. Mein jüngerer Bruder brach zuerst aus. Er hörte eines Tages Jimi Hendrix und kaufte sich ein Herkules-Moped. Ein Fluchtfahrzeug.

Ein Mann in meinem Alter, schwer atmend, in Joggingklamotten, kommt aus dem Wald. Seltsam: Die gesamte Siedlung ist von Wald umgeben, doch vom Wald durch einen hohen Zaun getrennt. Nur am oberen Ende ist ein schmaler Durchlass. Ob der Wald vor den Monhofsfeldern oder diese vor Bedrohungen aus dem Wald geschützt werden sollten, war mir noch nie klar. Der Mann kennt den Massagesalon auch nicht. Doch als ich von MUSNOK erzähle, lacht er. Er erinnert sich gut daran, auch wie MUSNOK abgebaut wurde. Ich habe MUSNOK nie vergessen, es war wie eine Botschaft, die ich immer las, wenn ich auf dem Hochhaushügel war oder nach Hause kam. Sonst gab es ja auch nichts zu lesen in der Siedlung, keine Reklame, kein Firmenschild, nichts. Wenn ich um das flache Gebäude herumging, war es der Konsum, in dem man leckere Sachen kaufen konnte vom Taschengeld, das meines Wissens niemals eine Mark fünfzig im Monat überstieg.

Der Konsum konnte von den paar Bewohnern im Monhofsfeld nicht leben, auch der Bonbonladen hat zugemacht. In der ehemaligen Kneipe ist heute eine Behindertenwohnung. Monhofsfeld ist nur noch zum Schlafen da. Es gibt einen Bürgerbus, dat Büsken, in Richtung Aldi und Edeka und Schlecker. Der letzte kommt abends um neunzehn Uhr zurück. Danach herrscht Ruhe. »Friedhofsstille«, sagt eine Lehrerin in meinem Alter, »man kann eine Stecknadel fallen hören.« »Hier wohnen nur Witwen und Waisen«, hatte Frau Zimmer gesagt, ohne zu klagen. »Ureinwohner« heißen die, die mit uns damals hier eingezogen sind. Heute sind sie jenseits der Achtzig. Für kinderreiche Ausländer ist das Monhofsfeld zu teuer, für verwöhnte Bessergestellte sind die Wohnungen zu klein. Mal sehen, wie lange es noch die Kindertagesstätte im ehemaligen Konsum gibt.

In Nummer 118 treffe ich Klaus Smets. Er hat schon einiges hinter sich, das sieht man, und er sagt das auch. Gute Zeiten, schlechte Zeiten. Weil das Internet nichts vergisst, weiß ich, dass er zuletzt versucht hat, Pornos zu verkaufen, was ihm heute peinlich ist. Nicht peinlich ist ihm sein neues Geschäft. Amtlich korrekt: Wohlfühlmassagen. Er und seine Freundin und die bei ihm knetenden Masseurinnen arbeiten im heiklen Grenzgebiet zwischen Wellness und Rotlicht. Smets sagt: »Sexualität beim Massieren bleibt nicht aus.« Bei den sogenannten Tantramassagen sind erotische Berührungen durchaus vorgesehen. Die Grenze zur Prostitution formuliert er so: »Ich gebe nur, was ich geben will. Ich erfülle nicht die Wünsche des Kunden.«

In der direkten Nachbarschaft kommt mittlerweile schon mal Unruhe auf. Und dann die Parkplatzprobleme … Jedenfalls zieht Smets mit seiner Massagepraxis demnächst in die Ronsdorfer Innenstadt. Dann herrscht im Monhofsfeld wieder vollständige Ruhe. Dann kann man gar nichts mehr über diese Straße erzählen.

Kiefernweg 1a in Wolfsburg

Der Wald vor lauter Bäumen

Von Jürgen von Rutenberg

Der Wolfsburger Stadtteil Steimker Berg ist so idyllisch, dass man seine Entstehung in der Nazizeit fast vergessen könnte.

Der Kiefernweg ist in Wolfsburg gleich die erste Straße links. Jedenfalls wenn man über die Landstraße aus östlicher Richtung kommt, über das uralte Dorf Nordsteimke. Die Landstraße führt über bezaubernd schöne, sanft dahinwogende Felder auf einen Wald zu, aus dem, weit in der Ferne, die berühmten vier Schornsteine des VW-Werkes ragen. Hier vorn im Waldrand verbirgt sich Wolfsburgs ältester Stadtteil, der Steimker Berg.

Viel schöner wird Wolfsburg nicht.

»Du Ärmster!« – lautet meist die Reaktion moderner, weltoffener Deutscher, wenn ich ihnen erzähle, dass ich in Wolfsburg aufgewachsen bin. Und ich weiß, welche Vorstellung sie im Kopf haben: die seelenlose Industriestadt, in der es nur VW gibt und sonst nichts. Die dabei auffallend viel Gesprächsstoff produziert, in Stichworten: Autostadt, Lustreisen, Peter Hartz, Vier-Tage-Woche, Stellenabbau, Abstiegsangst (des VfL und der Stadt).

Der Steimker Berg wirft ganz andere Fragen auf. Gleich hinter dem Ortseingangsschild, wo die Felder aufhören und der Wald beginnt, geht links eine Einbahnstraße ab, meine Straße, der Kiefernweg. Er beginnt beiderseits mit Wald- und Wiesenflächen. Durch die Bäume und Rhododendronbüsche hindurch sind die spitzen Giebel der Zwillingsbauten Kiefernweg 1 a und 1 b zu erkennen, überragt und beschattet von hohen Buchen. Das linke Haus war von 1967 bis 1979 der Mittelpunkt meiner Welt. Als wir hier einzogen, war ich drei Jahre alt, als wir auszogen vierzehn.

Auf den ersten Blick ist hier alles genau wie früher. Ich glaube sogar, bestimmte Risse im Asphalt wiederzuerkennen, ich sehe meine Schwester und mich in der Abenddämmerung Federball spielen, bis unser Vater nach einem seiner langen Arbeitstage in der Konzernzentrale um die Ecke gebogen kommt, in einem seiner (zu Testzwecken) ständig wechselnden Dienstwagen.

Der Kiefernweg ist kurz. Und schnell zu beschreiben. Nach dreihundert Metern endet er in einer engen Kurve. Die eine Straßenseite besteht aus Parkplätzen, an der anderen zieht sich ein Holzzaun entlang. Hinter dem Zaun sind fünf wuchtige Mehrfamilienhäuser aufgereiht, strahlend weiß mit schwarzen Fensterläden, umgeben von enormen Gärten. Am Ende der Straße, Hausnummer 7, erhebt sich eine mächtige Villa. Wie ein Gebirge wirkte sie früher auf mich. Diese private Kommandozentrale hatte sich Heinrich Nordhoff errichten lassen, der erste VW-Chef nach dem Krieg, genannt »der General«. Dessen

Architekt hat auch unser Häuslein entworfen. In der Riesenvilla wohnt heute der Wolfsburger Oberbürgermeister.

Das alles wirkt schön übersichtlich. Erst bei näherer Erkundung erweist sich der Kiefernweg als eine Ausnahme in einem merkwürdigen Viertel in einer einzigartigen Stadt. Und als eine ziemlich deutsche Angelegenheit.

Als Kind sah ich den Kiefernweg als riesigen Spielplatz, umgeben von noch riesigeren Spielplätzen, den Wäldern und Feldern. So ziemlich alles, was ich an meiner Straße heute, von außen betrachtet, interessant finde, war mir damals gar nicht oder nur schleierhaft bekannt.

Die eingangs verwendete Bezeichnung »Wolfsburgs ältester Stadtteil« führt direkt ins Jahr 1938. Im Sommer jenes Jahres begannen die Bauarbeiten am Steimker Berg, kurz nachdem Adolf Hitler ein paar Kilometer entfernt mit dem üblichen Pomp den Grundstein für das Volkswagenwerk gelegt hatte. Bei diesem Anlass hatte Hitler die noch zu bauende »Stadt des KdF-Wagens« als »vorbildliche deutsche Arbeiterstadt« angepriesen, als Mustersiedlung des Nationalsozialismus. Hitlers Lieblingsarchitekt Albert Speer beauftragte den damals erst dreißigjährigen Stadtplaner Peter Koller, diese Stadt im niedersächsischen Nichts zu installieren.

Von Kollers Stadtplan wurde dann bis 1945 nur der Steimker Berg gebaut, mit insgesamt vierhundertdreiundachtzig Wohnungen, dazu einige Häuserzeilen in der heutigen Stadtmitte. Für die geplanten Bombastbauten und den Rest der Stadt fehlten sehr bald Rohstoffe und Bauarbeiter. Bis zum Kriegsende wurden in der vorbildlichen deutschen Arbeiterstadt nur noch provisorische Baracken errichtet und ein hochumzäuntes Lager für die Zwangsarbeiter.

In sicherer Entfernung zur zerbombten Fabrik überstand der Steimker Berg den Krieg unbeschadet. Diese Abgeschiedenheit ist der Idee der »Gartenstadt« zu verdanken, die der Engländer Ebenezer Howard um 1900 formuliert hatte. Dieser Vorläufer der grünen Denkrichtung wurde später von den Nazis gegen die Moderne in Stellung gebracht, gegen die vermeintliche Entwurzelung und Dekadenz des Großstadtmenschen. So wurde der Steimker Berg in einen Wald hineingebaut, und so heißen auch die Straßen: Buchenpfad, Unter den Eichen, Birkenweg, Am Wiesengrund. Noch heute kann man sich hier weit entfernt von jeder Außenwelt fühlen.

Seit 1980 steht das ganze Viertel unter Denkmalschutz, inklusive des Hauses meiner Kindheit. Architekturstudenten reisen aus aller Welt an, um dieses stadtplanerische Kuriosum zu besichtigen. Die historisch beladene Idylle macht ihnen die Beurteilung nicht leicht.

Der Steimker Berg sieht nicht gerade aus wie der in Stein gehauene Faschismus. Die Häuser haben nichts Pompöses, nichts Einschüchterndes. Sie wirken eher anheimelnd: weiße Quader in endlosen Variationen, zwei- bis dreigeschossige Doppel- und Reihenhäuser. Kein Haus gleicht genau dem anderen, nur ein Ornament haben alle gemeinsam: schwarze Fensterläden. Die würde man sonst eher in Bayern oder der Schweiz erwarten. Ihre Häufung hier hat etwas Manisches, zumal sie kaum jemand je benutzt, sei es zur Verdunkelung oder zur Abschottung. Sie sind einfach nur da, zu Tausenden, seit 1940.

Nach Wolfsburg gelangten diese Fensterläden über den sogenannten »Heimatschutzstil«, auch Heimatstil genannt. Der war zumindest am Anfang des 20. Jahrhunderts weder rechts noch links ausgerichtet, sondern regional. Peter Koller stammte aus Kärnten, vielleicht war auch deswegen »regional« für ihn gleichbedeutend mit südlicher Gemütlichkeit (und nicht etwa mit niedersächsischen Fachwerkhäusern, die es in diesem Landstrich durchaus gab). Zur importierten Gemütlichkeit gesellt sich eine unübersehbare Strenge: rechtwinklige Schnörkellosigkeit, wohin man blickt. Die gegenwärtigen Bewohner dekorieren mit allen Mitteln dagegen an, mit Fensterschmuck, Gartenschnickschnack und schnuckeligen Keramikschildern.

Mein Schulweg führte mich sechs Jahre lang von einem Ende des Steimker Bergs zum anderen, zu Fuß war das in einer Viertelstunde zu schaffen. Ich durchquerte also die Siedlung mindestens zweimal täglich, zusätzlich erkundete ich an den meisten Nachmittagen alle Pfade und Straßen auf meinem Bonanzarad. Ich war damals ein genauer Kenner des Stadtteils. Dachte ich. Wer am Steimker Berg aufwächst, hat später einiges zu sortieren.

Da ist zum Beispiel dieser Marktplatz. Inzwischen ahne ich, wie absurd er eigentlich ist. Mit seinem pittoresken Türmchen über einem gigantischen Torbogen (für Fußgänger) ist er die Phantasieversion eines Dorfkerns in einer guten alten Zeit, die es nie und nirgends gegeben hat. Eine eiserne Wetterfahne oben auf dem Türmchen trägt die Inschrift: »1940.«

Diese Jahreszahl habe ich als Kind nie wahrgenommen, vielleicht war ich zu fixiert auf den Kaugummiautomaten, der unten im Fußgängerportal angebracht war. Durch den Torbogen schritt man in einen Park, der wiederum zur Nutella-Wiese führte. So nannten wir Kinder, warum auch immer, den großen Rasen vor dem Hotel. Das Hotelgebäude war mal als Heim der Hitlerjugend gedacht (wurde dann aber nie als solches genutzt), die trapezförmige Nutella-Wiese, die sich zum idyllischen Naturpark Hasselbachtal hin öffnet, als HJ-Aufmarschplatz. Das habe ich aber erst Jahrzehnte später erfahren. Wir spielten dort Fußball.

Ein paar Schritte von hier entfernt verläuft der Birkenweg. Zu den Dingen, die ich als kleiner Junge dunkel über unsere Gegend wusste, gehörte auch die seltsame Tatsache, dass mein Vater mal am Birkenweg gelebt hatte, als er selbst ein kleiner Junge war. Dunkel bekannt war mir auch, dass es damals irgendwie eine schlimme Zeit war, über die die Erwachsenen nicht so gern redeten. Und dass die Familie meines Vaters hier nicht lange geblieben war.

Als meine Eltern, meine beiden Schwestern und ich im Kiefernweg einzogen, waren wir gerade aus Amerika gekommen, wo ich auch geboren bin, in der Nähe von Boston. Mein Vater hatte dort für Volkswagen gearbeitet, nach Anfängen in Schweden und Finnland. Als er 1967 befördert wurde, durften wir alle, juhu, in den Weltmittelpunkt des VW-Konzerns ziehen.

In den ersten Wochen hausten wir in einer grauslichen, von Neonröhren erhellten Mietwohnung in der Stadtmitte. Mein erster Kommentar zur neuen Wolfsburger Umgebung lautete, der Überlieferung zufolge: *»I want to go home!«*, wiederholt in der Form: *»I want to go home – NOW!«* Meine Mutter hat mir erst kürzlich offenbart, dass es ihr damals ähnlich ging. Lange und zunehmend verzweifelt, suchten meine Eltern in Wolfsburg und Umgebung nach einem neuen Zuhause.

Am Kiefernweg landeten wir dann dank einer, wie ich später erfuhr, mythischen Gestalt namens Fritz Kuntze. Der hatte in den Anfangsjahren des Volkswagenwerkes mit meinem Großvater zusammengearbeitet – und machte nun, offenbar aus alter Verbundenheit, meinem Vater ein unwiderstehliches Angebot für das Haus am Kiefernweg, das er sich dort 1953 hatte bauen lassen.

In all den Jahren, die wir in seinem Haus lebten, hatte ich keine Ahnung, was für eine historische Figur dieser Kuntze war. Er hatte selbst lange in Amerika gelebt und von 1926 bis 1937 in Detroit als Ingenieur für Henry Ford gearbeitet. Dann heuerte ihn Ferdinand Porsche an, der Erfinder des VW-Käfers und der Mann, der Hitlers Automobilmachung wahr machen sollte. Kuntze sollte helfen, so etwas wie Fords Fließband in diesem Niemandsland am Mittellandkanal zu errichten. Er fertigte im August 1937 eine Skizze an, auf deren Basis dann etliche Architekten die Fabrik planten. Diese Skizze bezeichnete der

Historiker Hans Mommsen später als »eine Art Geburtsurkunde des Volkswagenwerkes«. Sie ist in voller Größe abgedruckt auf dem Einband von Mommsens tausendseitiger Studie *Das Volkswagenwerk und seine Arbeiter im Dritten Reich*.

Für diese Arbeiter war anfangs mein Großvater zuständig: Er war der erste Personalchef der Volkswagen GmbH, von 1939 bis Anfang 1941. Die da schon keine Volkswagen mehr baute, sondern Rüstungsgüter. Das war die schlimme Zeit, über die man am Steimker Berg nicht sprach, obwohl und weil jedes Haus, das man dort sieht, an diese Zeit erinnert.

Nach anderthalb Jahren kündigte mein Großvater und verließ mit seiner Familie die Stadt. Kurz darauf begann im Volkswagenwerk, Mommsens Studie zufolge, die systematische Zwangsarbeit. Ich möchte zu gern glauben, dass er seinen Job aufgrund moralischer Prinzipien hinschmiss. Was ihn damals umtrieb, habe ich ihn nie fragen können. Er starb in den letzten Tagen des Krieges im Kugelhagel, als er mit dem Volkssturm durch die Straßen Berlins rannte. Mein Vater war dreizehn, als er ihn das letzte Mal gesehen hatte, und so blieb auch ihm vieles ein Rätsel.

Als wir am Steimker Berg lebten, war es erstaunlich leicht, diese ganze Vorgeschichte zu ignorieren. Erst jetzt, aus der Entfernung betrachtet, rücken der Steimker Berg und mein Großvater für mich wieder zusammen.

Dass die Vergangenheit nie abgeschlossen ist, zeigt sich besonders am Kiefernweg, der die Zeiten nochmal auf ganz eigene Art durcheinanderwirbelt. Ich wäre als Kind nie darauf gekommen, aber meine Straße – und zwar nur meine Straße – wurde dem Steimker Berg erst in der Nachkriegszeit hinzugefügt. Wo heute der Kiefernweg ist, verlief 1945 ein Schützengraben.

Die wuchtigen weißen Klötze am Kiefernweg entstanden 1948, ganz im Stil der restlichen »Mustersiedlung«. Es gibt zwar keinen kausalen Zusammenhang, aber im selben Jahr fanden in Wolfsburg Kommunalwahlen statt, bei der die extrem rechte Deutsche Rechtspartei auf fast siebzig Prozent der Stimmen kam. (Die Partei wurde kurz darauf verboten, die Wahlen wurden annulliert.) Wenig später lief in der zerbombten Rüstungsfabrik mit einem Jahrzehnt Verzögerung die Massenproduktion des Käfers an, Ferdinand Porsche wurde zum Volkshelden, und Peter Koller durfte ab 1955 als Wolfsburger Stadtbaurat seine Stadt weiterplanen. Nach dem Prinzip des Steimker Bergs entwarf er noch mehrere in sich geschlossene, voneinander abgegrenzte Siedlungen, von denen allerdings keine ganz so anheimelnd wirkt. Bis heute ist Wolfsburg mehr Garten als Stadt.

Der Park vor unserem alten Haus verwandelt sich inzwischen, ganz charmant eigentlich, zurück in einen Wald. Neu am Kiefernweg 1 a sind mannshohe Zäune auf beiden Seiten des Gartens. Eine Erklärung für deren Notwendigkeit liefern Schilder am Gartenrand, an eine Buche genagelt: Sie warnen vor dem Hunde. Ich könnte jetzt an der Tür klingeln und mir ansehen, wie sich die Nachbewohner unserer Nachbewohner das Haus eingerichtet haben. Ich habe sämtliche Zimmer noch genau im Kopf. Meine Erinnerungen möchte ich gern intakt lassen.

Ich klingele bei unserem alten Nachbarn im Zwillingshaus. Gerhard Heiny hat sein ganzes Leben am Steimker Berg gewohnt, »ich war nie groß weg«, sagt er. Nach einem langen Berufsleben bei VW ist er inzwischen in Rente. Sein Vater hatte von Anfang an mit dem mythischen Fritz Kuntze zusammengearbeitet. Sie waren dabei so gute Freunde geworden, dass sie hier ihre Häuser Seite an Seite bauten.

Von seinem Wohnzimmer aus hat Gerhard Heiny einen herrlichen, zeitlosen Ausblick über die Felder – so wie wir früher. In der Ferne ist die alte Dorfkirche in Nordsteimke zu sehen.

In den letzten fünfzig Jahren, seit den Bauarbeiten am Kiefernweg, habe sich in der Straße eigentlich nichts geändert, sagt Heiny. Nur die Grünanlagen seien nicht mehr so gepflegt wie früher. Nordhoff, der General, tja, der habe sich noch für den Steimker Berg eingesetzt, »der wollte hier alles picobello haben«. So einen wie Nordhoff gebe es heute eben nicht mehr, »die meisten Manager setzen sich am Wochenende in die Maschine und interessieren sich nicht für die Stadt«. Der Oberbürgermeister hier am Kiefernweg wolle den Eindruck vermeiden, dass er den Steimker Berg bevorzuge, »also werden wir benachteiligt«. Die Straßen seien nur notdürftig geflickt »zum dreißigsten Mal. Es ist immer noch ein schöner Stadtteil, aber es müsste einiges getan werden.«

Wir gehen in die obere Etage, von Heinys Arbeitszimmer aus blicke ich auf unser altes Haus. Es ist plötzlich sehr nah. Ich sehe das Fenster meines Kinderzimmers, wir sind auf derselben Höhe, aber so versetzt, dass ich mich nur hineindenken kann – in meine Lego-Werkstatt, meine Lesehöhle, meine Sporthalle, meinen Schlaftierzoo. Ich sehe meinen kreischgrünen Wecker vor mir und erinnere mich daran, wie laut er damals rund um die Uhr getickt hat. Die Dachziegel wirken gealtert, einige sitzen etwas schief, hellgrün schimmert eine hauchdünne Moosschicht auf ihnen. Die Hauswände sind nicht mehr so weiß wie früher. Wie schön, dass auch hier die Zeit vergeht.

Kronprinzenstraße 10 in Potsdam

Das Schloss nebenan

Von Haug von Kuenheim

Die Potsdamer Kronprinzenstraße liegt ganz in der Nähe des Parks von Sanssouci. In dieser Umgebung ließ sich sogar der Krieg ertragen.

Es gibt sie noch. Aber sie ist weit weg. Die Kronprinzenstraße in Potsdam. Heute heißt sie Feuerbachstraße. Mehr als sechzig Jahre ist es her, da entschlossen sich meine Eltern – es war wohl eher der Vater, der entschied und dem die Mutter brav folgte –, das schöne Ostpreußen zu verlassen. Das Haus in Königsberg, Juditter Allee, so lernte ich später, sei zu groß und auf die Dauer zu teuer geworden. Zudem hatte der Krieg begonnen, und sein Ende schien der skeptische Vater geahnt zu haben. Also auf gen Westen, nach Potsdam, in die Residenzstadt der preußischen Könige.

Ich kann sie nicht mehr fragen, ob sie glücklich geworden sind in der Kronprinzenstraße 10. In der Wohnung im ersten Stock mit zwei kleinen Balkonen, zu der ein Fleckchen Garten gehörte im Hinterhof mit der Teppichstange. Meine Mutter gewiss nicht. Ihr Herz blieb in der Heimat, auf dem Hof im ostpreußischen Ermland, in

Bergenthal, wo sie aufgewachsen war. Dorthin gingen die Träume bis an das Ende ihrer Tage. »Einmal im Traum nur entfliehen«, hatte sie unter eine Zeichnung von Bergenthal geschrieben, die über ihrem Bett hing.

Wenn ich versuche, jene Jahre Gegenwart werden zu lassen, so drängen sich Bilder von der Weite Ostpreußens auf, von seinen Äckern, Wäldern und Seen, vom Leben auf dem Hof der Großeltern in Bergenthal, wo wir, so scheint es mir, mehr Zeit verbrachten als in der Enge der Straße in Potsdam. Den Geruch der Schmiede, wo die Pferde beschlagen wurden, habe ich noch in der Nase und den Geschmack von Großmutters Leberwurst mit viel Majoran auf der Zunge. Die Glücksmomente des kleinen Jungen lagen dort. Die Erinnerung an die Kronprinzenstraße verflog mit den Jahren.

Doch halt. Nicht völlig. Es sind einzelne Menschen, Freunde der Eltern, Verwandte, der Kaufmann Leue an der Ecke, der freundliche Hausmeister Babylon, die aus der Vergangenheit auftauchen, und es gibt Szenen, die über die Jahre haften geblieben sind. Schließlich, es war Krieg.

Es war Krieg. Wie oft holte uns nachts das Jaulen der Sirenen aus dem Bett. Der Vater hielt nichts vom Luftschutzkeller, wo die Hausgemeinschaft zusammengepfercht hockte. Wir zogen ein Stockwerk tiefer ins Parterre, in den Flur zu Heinrichs. Er kannte alle Bücher dieser Welt und übersetzte aus dem Französischen. Und während die Erwachsenen sich unterhielten, dämmerten wir, meine kleinere Schwester und ich, vor uns hin.

Erlaubte es das Wetter, zogen wir um die Ecke durch die Waldemarstraße und den Affengang, ein Fünfminutenweg, in den Park von Sanssouci. Hier lagerten wir unter Rhododendronbüschen, gehüllt in Decken, und schliefen, während von ferne am Himmel die Bomber dröhnten, die in Richtung Berlin flogen.

Auch in jener Nacht, am 14. April 1945, als Potsdams schöne Altstadt zerbombt wurde. Das Stadtschloss, die Garnisonkirche, der Kern der alten Residenzstadt, sie waren nicht mehr. Unser Viertel mit dem Park von Sanssouci blieb verschont. Es hieß, ein starker Wind habe die Leuchtzeichen, die den Bombern das Ziel markierten, abgetrieben. Diesmal war an Schlaf unter den Büschen nicht zu denken. Die Detonationen waren nicht laut, eher grollend, aber sie schienen nicht aufzuhören. Angst? Ich weiß es nicht.

Die Kronprinzenstraße blieb heil. Wer immer hier wohnte, es waren eher einfache, kleinbürgerliche Leute. Die Häuser, um die Jahrhundertwende gebaut, hatten alle ihre eigene Fassade, drei Stockwerke hoch, unter dem Dach wohnte der Hausmeister. Jedes Haus hatte sein handtuchgroßes umgittertes Vorgärtchen. Der Asphalt lud zum gefahrlosen Rollschuhlaufen ein, den sehnlich gewünschten Roller bekam ich nicht. Eine unaufregende Straße.

Aber da war Sanssouci um die Ecke. Donnerstags sprang regelmäßig die Fontaine an in dem großen Becken mit den Goldfischen. Wie herrlich war es, die vielen Stufen zum Schloss hinaufzustürmen zu den Gräbern der Windspiele des Alten Fritz. Elf liegen dort begraben. Parkwärter wollte ich werden, denn die dürften, so malte ich es mir aus, sooft sie wollen, in großen Pantoffeln durch die Schlösser schlittern, Charlottenhof, Neues Palais, Orangerie. In der Villa Eulenburg lebten Vettern und Cousinen, die einen immer wieder verhauen wollten, aber in unmittelbarer Nähe wohnte Frau von Heeringen, die Kinderbücher schrieb und zwei Königspudel besaß, in deren Schutz man flüchten konnte.

Viele Besucher kamen in die Kronprinzenstraße 10. Nur schemenhaft stehen sie mir noch in Erinnerung, auch wenn ich sie von der Elektrischen Nummer 1 an der Luisenstraße abholte. Ich durfte den Tee reichen und hatte dann zu verschwinden im Kinderzimmer, wo ein rauer Kokosteppich zum Spielen nicht gerade einlud, was die Eltern aber nicht einsahen. Die Erwachsenen redeten über den Krieg, so viel schnappte ich auf. Invasion war eine Vokabel, die hängen blieb und mir sagte, etwas Außergewöhnliches musste geschehen sein. Ansonsten hieß es oft: *Ecoutez les enfants*, die ersten französischen Worte, die sich mir eingruben, wie die Schimpfwörter, die in Bergenthal russische Kriegsgefangene mir beibrachten und deren Bedeutung mir erst viel später aufging.

Ein paar Straßen weiter lag das Lichtspielhaus Charlottenhof. Das nun habe ich behalten, als ob es gestern gewesen wäre. Das Taschengeld reichte für einen Platz in der ersten Reihe und den ersten Film meines Lebens: *Quax, der Bruchpilot*. Von Stund an blieb ich Heinz Rühmann bis zu seinem *Hauptmann von Köpenick* treu.

Ja, und dann klingelte es eines Nachmittags an der Tür. In meiner Erinnerung war es ein alter Mann in einer braunen Uniform, der meinem Vater einen Brief in die Hand drückte und, weil er so erschöpft war, sich auf einen Stuhl setzen musste. Ich habe schnell begriffen, was geschehen war und in dem Brief stand: Volkmar, mein Bruder, war in Russland gefallen. Vor ein paar Wochen noch hatten wir ihn, den großen Schlaks, in Stahnsdorf besucht, wo er kaserniert war.

Irgendwann wurde ich Pimpf. Bekam ein braunes Hemd und wünschte mir dazu eine bayerische Lederhose nebst genagelten Bundschuhen. Wie den Roller, ich bekam sie nicht. Dennoch, die Geländespiele machten Spaß, im Wildpark hinter Sanssouci durchs Gestrüpp zu robben und mit Hurra einen Hügel zu stürmen. Das war doch was! Der Fähnleinführer ernannte mich in letzter Minute zum Hordenführer und erklärte uns, wenn nun der »Russe« komme, sollten wir uns in der Kronprinzenstraße nicht mit dem Hitlergruß, sondern mit »geballter Faust« in der Tasche grüßen. »Das tust du nicht«, meinten die Eltern, was mir irgendwie einleuchtete.

Die Front rückte näher. Ich sehe mich noch stundenlang an der Ecke unserer Straße stehen, wo in der Luisenstraße Treck auf Treck vorbeizog, Pferdewagen auf Pferdewagen, ein nicht enden wollender Zug. Ich bildete mir ein, unsere Ostpreußen aus Bergenthal müssten unter ihnen sein. Erst kürzlich fand ich eine Postkarte, abgestempelt in Potsdam mit dem Aufkleber: »Zurück. z. Zt. nicht zustellbar.« »Man ist vollständig ratlos«, schrieb meine Mutter an die Großmutter, »und Ihr werdet es auch sein und dort bleiben, bis es zu spät ist. Obgleich Du doch, im Gegensatz zu vielen Flüchtlingen, weißt, wohin Du kommen kannst.«

Und dann stand er an der Ecke. Ein großer Panzer richtete sein Rohr in die Kronprinzenstraße. Die war eingetaucht in ein Meer von weißen Bettlaken, die von Balkonen und aus Fenstern hingen. Dies schien ihn zu befriedigen, er trollte sich eine Ecke weiter. Dafür zogen ein paar erdbraune Gestalten mit der Kalaschnikow in der Hand durch die Straße und verschwanden mit dem Friedensruf »Uri, Uri!« in den Häusern. Auch bei uns schauten sie vorbei, blickten neugierig in verschiedene Schubladen und zogen friedlich von dannen. Unser Opel stand eine Ecke weiter aufgebockt in einer Garage. Ein russischer Soldat machte ihn flott und kurvte zum Entsetzen meiner Eltern mit mir durch ein paar Straßen, bis er mich vor der Nummer 10 wieder ablud.

Ich stromerte tags darauf – dankenswerterweise gab es keine Schule – durch Potsdam und sah den ersten Toten meines Lebens, einen deutschen Soldaten, hockend angelehnt an einen Laternenpfahl. Ein Bild, das ich nicht vergessen habe. Hinter Sanssouci am Ruinenberg grasten Pferde. Ich schnappte eins und sagte auf die Frage, was ich mit ihm wolle: »Na, jetzt geht es doch wieder nach Ostpreußen.« Das Pferd riss sich los.

Eine letzte Erinnerung an jene Tage, die schöne Tage waren, weil es nicht mehr knallte und nachts die Sirenen nicht mehr heulten: Es war an jenem Abend, als die Sowjets Potsdam besetzten. Wir wollten in die Eulenburg-Villa nach Sanssouci. Die Menschen standen vor ihren Häusern, auch unser Zahnarzt, Dr. Lougear. Meine Eltern fanden ihn einen unangenehmen Menschen, Parteigenosse zudem. »Guten Abend«, begrüßte dieser meinen Vater. Der, verdammt laut, so schien es mir: »Wieso guten Abend? Heißt es nicht Heil Hitler, Herr Doktor?« Ohne die Provokation richtig verstanden zu haben, war mir die Sache peinlich wegen der vielen Leute, die Zeuge dieser Szene waren.

Wenige Wochen später wurden unsere Sachen auf einem großen Anhänger verstaut, und wir zockelten mit dem Trecker nach Berlin, wo mein Vater die Bewirtschaftung des Stadtgutes in Marienfelde übernahm. Es war ein leichter Abschied. Ich weinte der Kronprinzenstraße keine Träne nach.

Sechzig Jahre später. Die Kronprinzenstraße ist vollgemüllt mit Autos. Zum Rollschuhfahren wäre kein Platz mehr. Kolonialwaren Leue hat einem Computerladen Platz gemacht. Die Nummer 10 ist schmuck herausgeputzt mit roten Läufern auf den Treppenstufen. Der Hinterhof wurde zu einem grünen blühenden Garten ohne Teppichstange, dafür mit Fahrradständern. Investoren aus dem Westen haben dies bewirkt. Aber auch Alteigentümer, die nicht flüchteten. Schmuck zeigen sich auch die anderen Häuser in der Kronprinzenstraße, die jetzt Feuerbachstraße heißt. Nach welchem Kronprinzen hieß sie einst, nach welchem Feuerbach jetzt?

Dem Kleinbürgerlichen dieses Ortes haben die Jahre

vor und nach der Wende nicht viel anhaben können. Vieles allerdings, was dem kleinen Jungen groß vorkam, stellt sich naturgemäß kleiner dar. Der alte Stadtplan muss herhalten, damit zu finden ist, wo die Garnisonkirche stand mit ihrem *Üb immer Treu und Redlichkeit*, wo das Stadtschloss. Es wäre wahrlich nicht fair, hier das Potsdam der Kindheit zu suchen. Nur so piefig, wie sie heute daherkommt, hat die Brandenburger Straße, die Einkaufsmeile der Stadt, sich ganz sicher vorher nicht präsentiert. Ein Billigladen am anderen, Gasse für Schnäppchenjäger. Das Holländische Viertel herausgeputzt für Touristen.

Sanssouci, ja, das zeigt sich wie vor sechzig Jahren. Die Fontaine sprüht, nun nicht nur donnerstags. Das Schloss strahlt so schön, wie die Erinnerung es gespeichert hat. Das Neue Palais mit den drei Grazien, Charlottenhof, alles wie gehabt. Auch die elf Grabsteine mit den Windspielen neben ihrem Herrchen, den der Bestatter Grieneisen im Verein mit Bundeskanzler Kohl zur Geisterstunde einer Augustnacht im Jahre 1991 hier beigesetzt hat. Rosen und ein paar frische Kartoffeln haben Besucher auf den Grabstein des großen Fritz gelegt.

Was würde wohl Potsdam machen, besäße es Fritz nicht. Schon immer schmückte die Stadt sich mit Friedrich dem Großen. Aber heute hat das moderne Marketing aus dem alten Herrn ein regelrechtes *brand* gemacht, ein Waren- und Markenzeichen. Ob Bierglas oder T-Shirt, keiner entgeht ihm. Im Altstadtrestaurant muss er allerdings die Aufmerksamkeit mit Max Dortu teilen. Der gebürtige Potsdamer, ein studierter Gerichtsreferendar, war ein glühender 48er. In Freiburg wurde er 1849 hingerichtet. »Man muss den Muth haben, für seine Überzeugung zu sterben«, schrieb er an seine Eltern. Die Dortustraße hieß früher Waisenstraße. Die Nachwendler ließen honorigerweise Dortu seinen Platz.

Zeit, Potsdam Lebewohl zu sagen. Im Bayerischen Haus, am Rande der Stadt im Wildpark, sind Speis und Trank vorzüglich. Dem Gewerkschaftsboss Sommer am Nebentisch scheint es auch zu munden; nein Champagner trinkt er nicht, nur Grauburgunder. Die Kronprinzenstraße ist weit weg. Vielleicht entschwindet sie ja einmal völlig aus der Erinnerung. Und dann bleibt nur noch Sanssouci.

Anhang

Die Autoren

Michael Allmaier, geboren 1969 in Orsoy am Niederrhein, studierte Literaturwissenschaften in Essen. Von 1999 bis 2002 war er Redakteur im *Feuilleton* der *FAZ*, seit 2004 ist er Redakteur im *Reise*-Ressort der *ZEIT*.

Christoph Dieckmann, geboren 1956 in Rathenow, wurde Filmvorführer, studierte Theologie in Leipzig und (Ost-)Berlin, war Vikar und arbeitete bis zur Wende für die evangelische Kirche in der DDR. Seit 1991 ist er bei der *ZEIT*.

Susanne Gaschke, geboren 1967 in Kiel, studierte dort Anglistik, Öffentliches Recht und Pädagogik. Sie volontierte bei den *Kieler Nachrichten* und arbeitet seit 1997 bei der *ZEIT*, seit 2002 als Reporterin.

Christiane Grefe, geboren 1957 in Lüdenscheid, besuchte die Münchner Journalistenschule und studierte Politikwissenschaften. Sie war Redakteurin beim *SZ-Magazin*, bei *Geo* und der *Wochenpost*. Seit 1999 ist sie Reporterin der *ZEIT*.

Jens Jessen, geboren 1955 in Berlin, studierte Germanistik und Kunstgeschichte in Berlin und München, war Verlagslektor in Stuttgart und Zürich, wurde 1988 Redakteur der *Frankfurter Allgemeinen Zeitung* und 1996 Feuilletonchef der *Berliner Zeitung*, seit 2000 in derselben Funktion bei der *ZEIT*.

Josef Joffe, promovierte in Politik an der Harvard Universität und ist seit 2004 Visiting Professor in Stanford. Seine journalistische Karriere begann er 1976 bei der *ZEIT*, zunächst als politischer Redakteur, dann als Leiter des *Dossiers*. Von 1985 bis 2000 betreute er die Außenpolitik bei der *Süddeutschen Zeitung*, ehe er als Chefredakteur und Herausgeber zur *ZEIT* zurückkam.

Haug von Kuenheim, geboren 1934 in Königsberg/Ostpreußen, studierte Jura in Saarbrücken und kam 1961 zur *ZEIT*. In verschiedenen Ressorts und auf verschiedenen Positionen, unter anderem als stellvertretender Chefredakteur, arbeitete er dort bis 2002.

Jörg Lau, geboren 1964 in Aachen, studierte Germanistik und Philosophie in Bochum. Er war freier Mitarbeiter bei *Merkur* und *FAZ*, von 1993 an Literaturredakteur der *taz*. Seit 1997 arbeitet er im Berliner Büro der *ZEIT*, heute als außenpolitischer Korrespondent.

Stephan Lebert, geboren 1961 in München, besuchte die Münchner Journalistenschule, wurde danach Reporter bei der *Süddeutschen Zeitung*, beim *Spiegel* und beim *Tagesspiegel*. Seit 2004 ist er Reporter bei der *ZEIT*.

Iris Mainka, geboren 1959 in Soest, studierte Germanistik und Musikwissenschaft in Hamburg, außerdem Diplom-Journalistik in München. Sie besuchte die Münchner Journalistenschule und wurde 1985 Politikredakteurin beim *Deutschen Allgemeinen Sonntagsblatt*. Seit 1991 ist sie Redakteurin bei der *ZEIT*, heute als Chefin vom Dienst.

Susanne Mayer, geboren 1952 in Bonn, studierte Germanistik, Anglistik und Amerikanistik in Bonn, Freiburg i. Br. und den USA. 1985 wurde sie Redakteurin der *Stuttgarter Zeitung*, 1986 Redakteurin der *ZEIT*, zunächst im *Modernen Leben*, seit 1999 im Ressort *Literatur*.

Michael Naumann, geboren 1941 in Köthen, studierte Politik, Geschichte und Philosophie in Marburg, München und Oxford. Seine journalistische Karriere begann er als außenpolitischer Redakteur des *Münchner Merkur*,

1970 wechselte er zur *ZEIT*. Hier zählte er zu den Gründungsredakteuren des *ZEITmagazins*, leitete das ebenfalls neu gegründete *Dossier* und berichtete aus Washington, ehe er 1983 Chef des Auslandsressorts des *Spiegel* wurde. 1985 wurde Naumann Verlagsleiter der Rowohlt Verlage und später von Henry Holt in New York. 1998 berief ihn Gerhard Schröder zum Staatsminister für Kultur. 2001 kehrte er zur *ZEIT* zurück, als Chefredakteur und Herausgeber. 2008 kandidierte er als SPD-Spitzenkandidat bei der Hamburger Bürgerschaftswahl.

Werner A. Perger, geboren 1942 in Wien, studierte dort Jura. Von 1967 an arbeitete er für die Wiener Tageszeitung *Die Presse*, unter anderem als Korrespondent in Bonn. Nach Stationen beim *Deutschen Allgemeinen Sonntagsblatt* und dem *stern* wechselte er 1991 zur *ZEIT*.

Iris Radisch, geboren 1959 in Berlin, studierte Germanistik, Romanistik und Philosophie in Tübingen und Frankfurt a. M. Seit 1990 arbeitet sie im *Feuilleton*- sowie im *Literatur*-Ressort der *ZEIT*, von 2000 bis 2006 war sie Mitglied des *Literarischen Quartetts*.

Jürgen von Rutenberg, geboren 1964 in Concord, Massachusetts (USA), studierte Politikwissenschaften und Anglistik/Amerikanistik in Hamburg und besuchte dort die Henri-Nannen-Schule. Von 1993 an arbeitete er als freier Autor in New York, seit 2001 ist er Redakteur der *ZEIT*.

Christian Schüle, geboren 1970 in Friedrichshafen, studierte Philosophie, Soziologe und Politische Wissenschaft in München und Wien. Er war Redakteur im Dossier der *ZEIT* und ist seit 2005 freischaffender Autor in Hamburg.

Christof Siemes, geboren 1964 in Mönchengladbach, studierte Germanistik, Philosophie und Kunstgeschichte in Bonn und Freiburg i. Br., er besuchte die Henri-Nannen-Schule in Hamburg. 1993 wurde er Redakteur bei der *ZEIT* und leitete von 1996 bis 1999 das *ZEITmagazin*. Seither arbeitet er im *Feuilleton*.

Adam Soboczynski, geboren 1975 in Tórun, studierte in Bonn, Berkeley und St. Andrews Germanistik und Philosophie. Er schrieb als freier Autor unter anderem für *Tagesspiegel* und *Monopol*. Seit 2007 ist er Redakteur der *ZEIT*.

Burkhard Straßmann, geboren 1953 in Wuppertal, studierte Pädagogik, Biologie und Deutsch in Wuppertal, Aachen und Bremen. Von 1988 an arbeitete er als Journalist, unter anderem für *taz, NutzFahrzeugeMarkt, Deutsches Allgemeines Sonntagsblatt, Mare, Geo Saison, NZZ Folio*. Seit 1993 ist er bei der *ZEIT*.

Henning Sußebach, geboren 1972 in Bochum, studierte Journalistik und Raumplanung in Dortmund, im Jahr 1998 ging er zur *Berliner Zeitung*. Seit 2001 ist er Redakteur der *ZEIT*.

Cioma Schönhaus

Der Passfälscher

Die unglaubliche Geschichte eines jungen Grafikers, der im Untergrund gegen die Nazis kämpfte

Band 16446

»›Frechheit siegt nicht immer‹ ist ein Kapitel des Buches überschrieben, aber sie hilft weiter, wie dieses Buch aufs Schönste zeigt.«
DIE ZEIT

»Schönhaus erzählt seine Geschichte, sechzig Jahre nach den Ereignissen, auf eine sehr direkte, anschauliche Art, ohne Pathos, ohne leidenschaftlich anklägerischen Gestus. Der Leser wird einfach mitgenommen auf eine sehr persönliche Erinnerungsreise.«
Tages-Anzeiger, Zürich

»In jeder Passage seines Buches schildert Schönhaus einen an Spannung kaum zu überbietenden Überlebenskampf und damit zugleich die sadistischen Mechanismen eines auf totale Vernichtung ausgerichteten Regimes. [...] Auch heikelste Situationen beschreibt er selbstironisch, distanziert und aus der Sicht eines lebenslustigen 20-jährigen, wobei die Leidensgeschichte seines Volkes zu keiner Zeit vergessen wird.«
Das Parlament, Berlin

Fischer Taschenbuch Verlag

fi 16446 / 1

Richard W. Sonnenfeldt

Mehr als ein Leben

Vom jüdischen Flüchtlingsjungen zum Chefdolmetscher der Anklage bei den Nürnberger Prozessen

Aus dem Amerikanischen von Theda Krohm-Linke

Band 16415

Ein 15-jähriger jüdischer Junge aus Gardelegen in der Nähe von Berlin flüchtet 1938 über England, Australien und Indien nach Amerika. Als Soldat kehrt er nach Deutschland zurück und wird Chefdolmetscher der Anklage bei den Nürnberger Prozessen. Ihm wird der zweifelhafte Ruhm zuteil, dass Göring nur durch ihn sprechen möchte ...

»Ein Plädoyer für Menschlichkeit,
Toleranz und für das Leben –
und gegen kritikloses Mitläufertum.«
Gardelegener Kreisanzeiger

Fischer Taschenbuch Verlag

fi 16415 / 1